FiNALEonline.de ist die digitale Ergänzung zu deinem Arbeitsbuch. Hier findest du eine Vielzahl an Angeboten, die dich zusätzlich bei deiner Prüfungsvorbereitung in Englisch unterstützen!

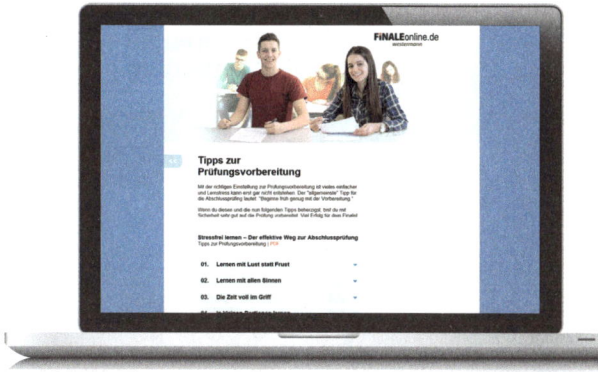

Das Plus für deine Prüfungsvorbereitung:

→ Tipps zur Prüfungsvorbereitung, die das Lernen erleichtern

→ Audiodateien zu den Hörverstehensübungen (bitte Code von S. 5 eingeben)

Online-Grundlagentraining

Du hast noch Lücken aus den vorherigen Schuljahren? Kein Problem! Das Online-Grundlagentraining auf FiNALEonline.de hilft dir dabei, wichtigen Lernstoff nachzuarbeiten und zu wiederholen. Und so funktioniert es:

Für das Fach Englisch stehen dir über 100 Aufgaben zu prüfungsrelevanten Grundlagen in kurzen Trainingseinheiten zur Verfügung.

Unser Tipp für Lehrerinnen und Lehrer: Nutzen Sie unsere vielfältigen Arbeitsblätter auch für Ihren Unterricht.

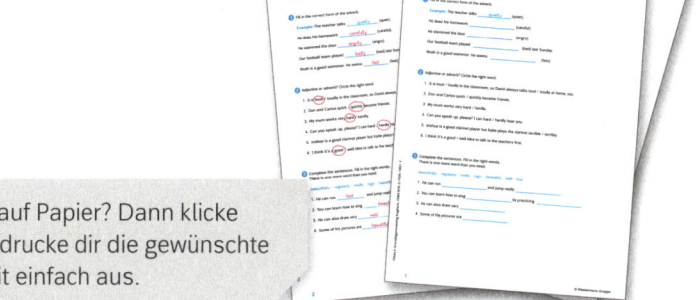

Du übst lieber auf Papier? Dann klicke auf „PDF" und drucke dir die gewünschte Trainingseinheit einfach aus.

FiNALE Grundlagentraining Englisch

Das FiNALE Grundlagentraining ist die ideale Ergänzung zu diesem Arbeitsbuch. Es bietet eine große Auswahl an Materialien, mit deren Hilfe du prüfungsrelevantes Grundlagenwissen auffrischen und aktiv trainieren kannst.

Folgende Inhalte werden in diesem Band behandelt:

→ umfangreiche Übungen zur Grammatik
→ Hörverstehen (mit Audiodateien)
→ Leseverstehen
→ Schreiben
→ Sprachmittlung (Mediation)
→ Sprechen
→ die wichtigsten Operatoren im Fach Englisch

Zu jeder Trainingseinheit gibt es anschauliche Lösungen.

BESTELL-NR.	TITEL	PREIS
978-3-7426-1891-7	FiNALE Grundlagentraining Englisch	13,95 €

FiNALE Grundlagentraining gibt es auch für die Fächer Deutsch und Mathematik.

Weiter in die Oberstufe mit FiNALE Prüfungstraining

Die Reihe FiNALE Prüfungstraining begleitet dich auch bei den nächsten Prüfungen. Für die **Zentrale Klausur am Ende der Einführungsphase** bieten zwei Hefte für Deutsch und Mathematik die perfekte Vorbereitung.

Auch bei der Abiturvorbereitung bist du mit FiNALE Prüfungstraining auf der sicheren Seite: Die Bände **FiNALE Prüfungstraining Zentralabitur NRW** werden jedes Jahr auf die aktuellen Prüfungsvorgaben zugeschnitten und bieten dir ein **Rundum-Sorglos-Paket** mit

→ Basiswissen
→ Beispielprüfungen
→ Musterlösungen
→ Praktischen Checklisten zum Download

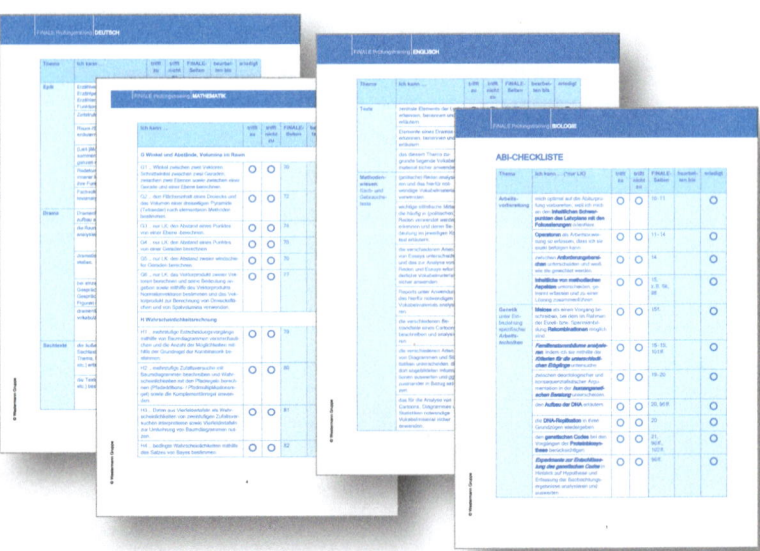

Abi-Checklisten
Sie helfen dir, den Überblick über den Prüfungsstoff zu behalten.

westermann

FiNALE
Prüfungstraining

Nordrhein-Westfalen

Zentrale Prüfung 10
Gymnasium

2024

Englisch

Prüfungstraining

Autorinnen und Autoren:
Vanessa Hoellen
Jenny Zeller
sowie Gerhard Adams

Druck A[1] / Jahr 2023
Alle Drucke der Serie A sind im Unterricht parallel verwendbar.

Bildnachweis:
|Feldhaus, Hans-Jürgen, Münster: 5.1, 14.1, 28.1, 28.2, 29.1, 49.1, 50.1, 56.1, 66.1, 66.2, 67.1, 85.1, 86.1, 109.1, 110.1. |Getty Images, München: WPA Pool 45.1. |Peter Wirtz Fotografie, Dormagen: Titel. |Picture-Alliance GmbH, Frankfurt a.M.: Robert Harding World Imagery 18.1.

Druck A[1] / Jahr 2023
Alle Drucke der Serie A sind im Unterricht parallel verwendbar.

Redaktion: Lorenz Wagner, München
Kontakt: finale@westermanngruppe.de
Layout: LIO Design GmbH, Braunschweig
Umschlaggestaltung: Gingco.Net, Braunschweig
Umschlagfoto: Peter Wirtz, Dormagen
Illustrationen: Hans-Jürgen Feldhaus, Münster
Druck und Bindung: Westermann Druck GmbH, Georg-Westermann-Allee 66, 38104 Braunschweig

ISBN 978-3-07-**172416**-7

Was erwartet dich in diesem Buch?

Du bist in der 10. Klasse und vor dir liegt die Zentrale Prüfung 10 (ZP 10), die 2024 zum ersten Mal auch an den Gymnasien in NRW stattfindet.

Darauf will dich dieses Buch vorbereiten. Es gibt dir die Möglichkeit,
1. dich mit den Prüfungsaufgaben und ihren Anforderungen vertraut zu machen,
2. deine sprachlichen Möglichkeiten in den für die ZP 10 geforderten Bereichen zu erweitern.

In Teil A erhältst du Hinweise, wie du dich gezielt und sinnvoll auf die Prüfung vorbereiten kannst. Dieser Teil führt dich in kleinen Schritten an die Aufgabentypen heran und macht dir deutlich, was in den Aufgaben von dir erwartet wird und wie du gut damit zurechtkommen kannst. Außerdem bekommst du Tipps und Hilfen zur Erweiterung deines Wortschatzes.

In Teil B findest du Prüfungsbeispiele, die aufgebaut sind wie die Originalprüfungen. Am Anfang wirst du dabei durch Lösungshilfen sehr intensiv unterstützt, später gehst du zunehmend selbstständig vor. Die Prüfungsbeispiele orientieren sich nicht nur in der Art der Aufgabenstellungen, sondern auch thematisch an den Vorgaben für die ZP 10.

Und natürlich gibt es ein Lösungsheft, in dem du die Richtigkeit jedes Arbeitsschrittes überprüfen kannst. In diesem Arbeitsbuch findest du Schreibraum für wichtige vorbereitende Notizen neben den Texten. Manchmal musst du deine Texte auf einem Extrablatt anfertigen.

Damit du ein Gefühl für die zur Verfügung stehende Arbeitszeit bekommst, solltest du beim Bearbeiten der Prüfungsaufgaben eine Uhr bereitstellen (siehe Checkliste Seite 11).

Alle Übungen, zu denen es Audiodateien gibt, erkennst du an diesem Symbol 🎧. Um die Audiodateien anzuhören, gib auf der Internetseite www.finaleonline.de diesen Code ein: EN7S1Pd

Falls du das Gefühl hast, dass du noch Lücken aus den vorherigen Schuljahren aufarbeiten solltest, empfehlen wir dir das FiNALE Grundlagentraining Englisch (ISBN 978-3-7426-1891-7). Es bietet prüfungsrelevantes Grundlagenwissen zum Nachschlagen und Üben. Ergänzend dazu findest du unter www.finaleonline.de/grundlagentraining ein kostenloses Online-Training bestehend aus interaktiven Übungsaufgaben und Arbeitsblättern zum Ausdrucken.

Wir sind sicher, dass du dich nach der Bearbeitung dieses Buches sicher für das „Finale" fühlst, und wünschen dir für die Prüfung viel Erfolg.

Das Autorenteam

Teil A Vorbereitung auf die Abschlussprüfung

1 Was wird in der „Zentralen Prüfung 10" (ZP 10) erwartet?

Die „Zentrale Prüfung 10" (ZP 10) unterscheidet sich gar nicht so sehr von einer Klassenarbeit – und mit Klassenarbeiten hast du ja schon eine Menge Erfahrung. Einen wichtigen Unterschied gibt es aber: Eine Klassenarbeit wird von deinem Lehrer oder deiner Lehrerin entworfen und bewertet. Lehrer möchten meist wissen, wie gut du den Unterrichtsstoff der vorangegangenen Wochen beherrschst. Die ZP 10 wird dagegen nicht von deinem Lehrer oder deiner Lehrerin entworfen, sondern von Menschen, die dich, deine Klasse, deine Schule und deinen Englischunterricht gar nicht kennen können. Diese Menschen möchten gar nicht wissen, was du in den vergangenen Wochen im Englischunterricht gemacht hast, sondern sie möchten herausfinden, wie gut du Englisch kannst. Dazu haben sie zunächst einmal im sogenannten „Kernlehrplan" festgehalten, was ein Schüler oder eine Schülerin am Ende der Klasse 10 eigentlich können müsste – und jetzt stellen sie eben fest, wie das bei dir ist.

1.1 Der Kernlehrplan

Was ein Schüler oder eine Schülerin der Klasse 10 im Fach Englisch eigentlich können müsste, ist also im „Kernlehrplan" festgelegt. Vieles von dem, was dort aufgeschrieben ist, wird dir wenig sagen – der Kernlehrplan ist ja auch eher dazu gedacht, dass deine Lehrer wissen, was sie unterrichten müssen. Damit du dich richtig auf die ZP 10 vorbereiten kannst, kann es dir vielleicht aber helfen, wenn du ein wenig darüber weißt, wie der Kernlehrplan aufgebaut ist. Die Frage, wie gut du Englisch können sollst, ist im Kernlehrplan nämlich unterteilt in vier Fragen:
– Wie gut musst du Englisch lesen können (Leseverstehen)?
– Wie gut musst du Englisch hören können (Hörverstehen)?
– Wie gut musst du Englisch schreiben können?
– Und wie gut musst du Englisch sprechen können?
Es geht also weniger um dein konkretes Wissen (wie z. B.: Auf welcher Straßenseite fahren die Autos in England? Oder: Wer ist Staatsoberhaupt in den USA?), sondern um deine Fähigkeiten, darum, wie gut du Englisch hören, lesen, sprechen und schreiben kannst. Und genau das will die ZP 10 feststellen.

> **INFO** Kernlehrplan
>
> Es geht weniger um Kenntnisse als um Fähigkeiten, und zwar in den Bereichen
> – Leseverstehen
> – Hörverstehen
> – Schreiben (und Sprechen).

1.2 Die Vorgaben

Die Themen, um die es dabei geht, werden jedes Jahr neu festgelegt und deiner Schule frühzeitig mitgeteilt, sodass deine Lehrer genau wissen, worauf sie besonders eingehen sollen. Diese „Vorgaben" sind sehr allgemein gehalten und sagen dir eigentlich mehr darüber, was du nicht brauchst, als darüber, was du brauchst. Für das Jahr 2024 wurde festgelegt, dass die Themen und Inhalte sich auf Großbritannien und Neuseeland beziehen (also nicht etwa auf Australien), und zwar in den Bereichen, die der Kernlehrplan für die Jahrgangsstufe 10 auflistet. Wenn man dort nachliest, findet sich eine auf den ersten Blick erdrückend wirkende Liste von Themen und Inhalten. Davon solltest du dich jedoch nicht abschrecken lassen.

Bei genauerer Betrachtung wird nämlich schnell deutlich, dass es sich um genau die Themen und Inhalte handelt, die du in den vergangenen Jahren im Unterricht bearbeitet hast und die du auch in deinem Lehrbuch findest. Kein Wunder! Denn die Lehrbücher werden vom Ministerium genehmigt und müssen daher auch die Inhalte des Kernlehrplans umfassen. Es geht ja, wie bereits gesagt, weniger darum, deine Kenntnisse über Großbritannien, Neuseeland oder die USA zu überprüfen, sondern darum, deine Fähigkeiten festzustellen, Englisch zu verstehen und zu produzieren.
Du brauchst dir also keine großen Sorgen darum zu machen, dass du mit unbekannten Themen und Inhalten konfrontiert werden wirst. Wenn du die Beispieltests durcharbeitest, wirst du sehen, dass die inhaltlichen Ansprüche gar nicht so hoch sind.

INFO zu den Themen

1. Die Themen beziehen sich auf **Großbritannien** und **Neuseeland**.
2. Es geht um typische Lehrbuchthemen:
   – Freizeit, Freundschaft, Liebe
   – Schule
   – Gesellschaft (Umwelt, Menschenrechte, …)
   – Berufswahl
   – „Neue Medien"

1.3 Zum Aufbau der ZP 10

Du kannst dir sicher vorstellen, dass es sehr schwierig wäre, alle Schüler des 10. Jahrgangs aller Schulen in NRW mündlich zu prüfen. Dieses Problem haben die Tester bisher auch noch nicht lösen können. Ein Glück für dich, denn du hast es deshalb „nur" mit den Bereichen **Hörverstehen**, **Leseverstehen**, **Wortschatz** und **Schreiben** zu tun.

Die Prüfung besteht aus zwei Teilen.
Der erste Prüfungsteil Hörverstehen dauert 20 Minuten. Für den zweiten Prüfungsteil (Leseverstehen, themenbezogener Wortschatz und Schreiben) sind 100 Minuten vorgesehen. Zusätzlich werden 10 Minuten Bonuszeit für den zweiten Prüfungsteil gewährt.
Wir haben die Prüfungen in Teil B dieses Buches entsprechend aufgebaut. In der Vergangenheit wurde der Aufbau der Prüfungsteile schon mal verändert, inhaltlich blieb dann aber alles unverändert. Selbst wenn sich die Prüfungsteile doch noch kurzfristig verschieben sollten, muss dich das nicht irritieren. Du musst dich einstellen auf eine Gesamtprüfungszeit von 120 Minuten (plus 10 Minuten Bonus zur Orientierung oder zum Überarbeiten).

Nun zu den beiden Prüfungsteilen im Detail:
Im **ersten Teil der Prüfung** wird das Hörverstehen überprüft. Dazu werden dir zunächst mehrere Hörtexte vorgespielt und Aufgaben dazu vorgestellt, zu denen du dann jeweils in einem Fragebogen die richtigen Lösungen angeben sollst. Da es hier ausschließlich darum geht festzustellen, ob du den Text verstanden hast (und nicht darum, ob du zu dem Text etwas schreiben kannst), wirst du in der Regel dazu aufgefordert, aus einer Liste denkbarer Lösungen die deiner Ansicht nach richtige anzukreuzen (Multiple-Choice-Aufgabe). Andere Möglichkeiten sind, dass du einen Lückentext füllen sollst *(fill in the correct answer)* oder die Informationen in zwei Listen richtig zuordnen sollst *(matching)*. Diese Art von Aufgaben sind dir sicherlich nicht neu. **Aber Vorsicht:** Lass dich nicht täuschen! Oft sind die Antwortmöglichkeiten bei **Multiple-Choice-** oder *matching*-Aufgaben so ähnlich, dass man leicht etwas Falsches ankreuzt, wenn man nicht genau hinschaut. Also: Ruhe bewahren und die Antwortmöglichkeiten genau lesen, bevor du etwas ankreuzt oder einträgst!

INFO Aufgabentypen 1

Zur Überprüfung des Hör- oder Leseverstehens werden in der Regel folgende Arten von Aufgaben verwendet:
1. **Multiple Choice** (= tick the correct answer)
2. **Gap filling** (= fill in the correct answer)
3. **Matching** (= connect the correct item from list A to a corresponding one in list B)

Achte bitte auch darauf, dass es nicht darum geht, was du zu einer Fragestellung weißt oder denkst, sondern ausschließlich darum, was in dem Hörtext genannt wird.

Ein Beispiel: Bei einer Frage geht es um die Gefahren von zu intensiver Computernutzung. In den Antwortmöglichkeiten findest du Punkte wie a) kann zu einer Verkrümmung der Wirbelsäule führen, b) man verdummt und c) man bekommt nicht genug frische Luft. Du denkst dir dann wohl, dass alle Möglichkeiten richtig sind und möchtest a, b und c ankreuzen. Im Text ging es aber nur darum, dass jemand darüber spricht, dass Menschen heutzutage zu wenig an der frischen Luft sind, weil sie zu lange vor dem Computer sitzen. Dann ist bei dieser Frage nur Antwort c richtig, weil nur dieser Aspekt genannt wurde.

Der zweite Prüfungsteil umfasst Leseverstehen, Wortschatz und Schreiben.
Für das Leseverstehen gilt im Grunde dasselbe wie für das Hörverstehen: Dir wird ein Text vorgelegt, zu dem dir dann Aufgaben gestellt werden, durch die du nachweisen sollst, dass du den Text verstanden hast. In der Regel sind dies Lückensätze oder Multiple-Choice-Aufgaben. Der einzige Unterschied zu den Aufgaben beim Hörverstehen ist der, dass du etwa beim Multiple-Choice deine Wahl begründen sollst, etwa dadurch, dass du schreibst ... *because the text says that* _____ .
Auch hier gilt: Ruhe bewahren und genau hinsehen!

Ausgangspunkt für die Wortschatzaufgabe und das Schreiben ist wieder ein Text, der durch eine Wortschatzaufgabe vorbereitet wird und zu dem dir dann in der Regel drei Aufgaben gestellt werden.
Die erste Aufgabe hat mit dem Inhalt zu tun, die zweite bezieht sich auf die Form und die dritte, bei der du in der Regel zwischen zwei Aufgabenstellungen wählen kannst, fordert dich auf, zu einem Aspekt des Textes Stellung zu nehmen. Genaueres zu den Schreibaufgaben und dem cleveren Umgang damit erfährst du im Kapitel A 4 „Schreiben".

INFO Aufgabentypen 2

Zur Überprüfung deiner Schreibfähigkeit werden dir in der Regel drei Aufgaben gestellt:
1. **Inhalt** des Ausgangstextes: *describe*
2. **Form** des Ausgangstextes: *analyse, compare, explain*
3. **Stellungnahme** zum Text: *discuss, explain*

1.4 Zum Aufbau dieses Buches – und zum Umgang damit

Dieses Arbeitsbuch wird dir dabei helfen, dich mit den Anforderungen vertraut zu machen und dich gezielt auf die Prüfung vorzubereiten.

In **Teil A** wirst du dich intensiv mit den drei für die Prüfung wichtigen Bereichen Leseverstehen, Hörverstehen und Schreiben beschäftigen und Übungen finden, die dir helfen werden, deine Fähigkeiten in diesen Bereichen zu verbessern. Es ist wichtig, dass du dir wirklich Zeit nimmst, die Übungen systematisch und gründlich durchzuarbeiten.
Nimm dir nicht zu viel auf einmal vor, sondern konzentriere dich auf jeweils eine Aufgabe. Wenn du diese gelöst hast, schau dir die Lösungen im Lösungsheft an. Du solltest diese aber nicht einfach „abhaken", sondern genau überprüfen, was du richtig gemacht hast – und was noch nicht so gut geklappt hat. Wenn du „Fehler" gemacht hast, dann lies den entsprechenden Abschnitt nochmals durch und mach dir klar, wie diese „Fehler" entstanden sind. Erst wenn du das tatsächlich verstanden hast, hast du auch etwas gelernt.

In **Teil B** folgen Testaufgaben, in denen du deine Fähigkeiten im Zusammenhang erproben und üben wirst. Diese sind so aufgebaut, dass die in den Vorgaben und im Kernlehrplan genannten inhaltlichen Bereiche berücksichtigt sind. Du wirst also feststellen, bei welchen Themen du dich sicher fühlen kannst und wo du eventuell noch an deinem Wortschatz arbeiten solltest.

Manche Aufgabentypen kommen vielleicht in der Prüfung 2024 gar nicht vor. Das macht aber nichts. Alle Aufgaben helfen dir, Hör- und Leseverstehen zu üben, deinen Wortschatz sinnvoll einzusetzen und zu erweitern und Texte zu verfassen.

Wenn du dich mit den Beispieltests beschäftigst, solltest du versuchen, diese möglichst unter denselben Bedingungen zu bearbeiten, wie sie dann auch im „Ernstfall" wären. Halte dich möglichst genau an die Zeitvorgaben, insbesondere bei den Hörverstehensaufgaben. Nur so kannst du wirklich feststellen, wie du mit der Zeit und den Anforderungen zurechtkommst. Die Checkliste unten solltest du jedes Mal durchgehen, bevor du dich mit einem der Tests beschäftigst.

Befolge die Arbeitsschritte, die hier im TIPP genannt werden. Anfangs werden dir in diesem Buch noch recht viele Hilfen zu den Aufgaben gegeben. Diese werden dann nach und nach reduziert, damit du immer selbstständiger an die Aufgaben herangehst. Es ist also sinnvoll, dass du die Aufgaben nacheinander bearbeitest. Wenn du dieses Buch gründlich durchgearbeitet hast, bist du fit für die ZP 10!

TIPP Arbeitsschritte

Schritt 1:
Bearbeite einen Test innerhalb der 120 Minuten – und lass ihn dann liegen.
Schritt 2:
(eventuell am nächsten Tag):
Vergleiche deine Lösungen mit den Beispiellösungen im Lösungsheft.
Schritt 3:
Wenn du Fehler gemacht hast: Schau dir die Aufgabenstellung und deinen Lösungsweg noch einmal genau an. Wenn du aus deinen Fehlern lernen möchtest, musst du versuchen herauszufinden, wie ein Fehler entstanden ist, damit du denselben Fehler nicht noch einmal machst. Fang auf keinen Fall mit dem nächsten Test an, bevor du dir sicher bist. Wenn du das selbst nicht feststellen kannst, kannst du bestimmt deinen Lehrer oder deine Lehrerin fragen.

CHECKLISTE

1. **Nimm dir Zeit.**
   In der Prüfung werden dir 120 Minuten zur Verfügung stehen, 20 Minuten für das Hörverstehen (Teil 1) und 100 Minuten für den Rest (Teil 2). Du solltest also einen Test nur beginnen, wenn du auch 120 Minuten – möglichst ohne Unterbrechung – daran arbeiten willst und kannst. Halte dich möglichst genau an die Zeitvorgaben, insbesondere bei den Hörverstehensaufgaben. Versuche, mindestens 10 Minuten als Puffer für eine Überarbeitung einzuplanen. Diese 10 Minuten Bonuszeit wirst du auch in der Prüfung haben.

2. **Wähle einen passenden Ort.**
   Wähle einen Ort, an dem du davon ausgehen kannst, dass du dort mindestens 120 Minuten lang störungsfrei arbeiten kannst.

3. **Bereite deinen Arbeitsplatz vor.**
   Du benötigst:
   – dieses Buch,
   – Stifte,
   – eine Uhr,
   – für die Hörverstehensaufgaben Zugang zum Internet und zur Seite finaleonline.de
   – und **sonst nichts!** (kein Smartphone, keine Bücher oder Hefte, …, nichts, was dich ablenken könnte).

2 Leseverstehen

2.1 Arbeitstechnik: Vorwissen aktivieren

Es geht hier um eine Arbeitstechnik, die du automatisch anwendest, wenn du in deiner Muttersprache liest. Meistens merkst du es nicht einmal. Beim Lernen einer Fremdsprache konzentriert man sich oft auf Dinge wie z. B. unbekannte Vokabeln oder schwierige Grammatik. Dadurch denkt man häufig nicht an Selbstverständlichkeiten wie beim Textverstehen in der Muttersprache. Es erleichtert in der Mutter- wie in der Fremdsprache das Verstehen, wenn du vor dem Lesen darüber nachdenkst, was du von dem Text erwartest, den du lesen sollst.

Schau also auf den **Titel** und überlege, worum es wohl in dem Text geht. Dabei helfen auch eventuell vorhandene **Bilder.** Es kann auch nützlich sein, wenn du dir ansiehst, woher der Text kommt oder was für eine **Art von Text** es ist.

Beispiel 1:

Dir liegt ein Text mit dem Titel „Rugby" vor. Der Text enthält gegebenenfalls auch eine Abbildung, die Hinweise auf den vorliegenden Text liefert. Auch die Quelle gibt dir weitere Hilfen zur Einordnung des Textes. Diesen hast du in einem Sachlexikon wie z. B. *Wikipedia* oder *Encyclopaedia Britannica* gefunden.

Nun weißt du schon einiges: Du hast den Titel und das Bild identifiziert und du hast die Quelle. In einem Sachlexikon findest du Einträge zu den verschiedensten Themen. Erwarten kannst du nun also einen Text zu einer Sportart (oder einem Gegenstand).

Auf der Basis dieser Informationen, die du mit einem Blick erfassen kannst, weißt du, worum es in dem Artikel sehr wahrscheinlich geht. Du kannst nun überlegen, was du schon alles über Sportarten im Allgemeinen und Rugby im Speziellen weißt. Es fällt dir dann bei ersten Lesen bereits leichter, das schon Bekannte auch in der Fremdsprache zu verstehen. Welche englische Begriffe erwartest du in einen Text über Rugby? Nomen wie *team, goal, sport, player, game, tournament, competition, ball, rules, referee, audience, fans,* oder Verben wie *to watch, to win, to play, to run, to score* fallen dir sicher rasch ein. Mit diesem Vorwissen ist es nicht mehr so schwer, den folgenden Text zu verstehen.

Rugby

Rugby, football game played with an oval ball by two teams of 15 players (in rugby union play) or 13 players (in rugby league play). Both rugby union and rugby league have their origins in the style of football played at Rugby School in England. According to the sport's lore, in 1823 William Webb Ellis,
5 a pupil at Rugby School, defied the conventions of the day (that the ball may only be kicked forward) to pick up the ball and run with it in a game, thus creating the distinct handling game of rugby football. This "historical" basis of the game was well established by the early 1900s, about the same time that foundation myths were invented for baseball and Australian rules football.
10 While it is known that Webb Ellis was a student at Rugby School at the time, there is no direct evidence of the actual event's having taken place, though it was cited by the Old Rugbeian Society in an 1897 report on the origins of the game. Nevertheless, Rugby School, whose name has been given to the sport, was pivotal in the development of rugby football, and the first rules of
15 the game that became rugby union football were established there in 1845. Rugby is now a popular sport in many countries of the world, with clubs and national teams found in places as diverse as Japan, Côte d'Ivoire, Georgia, Uruguay, and Spain. Rugby among women is one of the world's fastest-growing sports. At the turn of the 21st century, the International Rugby Board (IRB;

founded in 1886 as the International Rugby Football Board), headquartered [20]
in Dublin, boasted more than 100 affiliated national unions, though at the top
level the sport was still dominated by the traditional rugby powers of Australia,
England, France, Ireland, New Zealand, Scotland, South Africa, and Wales.

Quelle: https://www.britannica.com/sports/rugby

TIPP

Bevor du anfängst zu lesen, kannst du dich auf den Text vorbereiten:
1. Lies die Überschrift und alle weiteren Angaben zum Text. Worum geht es?
2. Wenn dir das Thema klar ist, vergegenwärtige dir dein Vorwissen dazu.
3. Schau dir an, um was für eine Art von Text es sich handelt. Was erwartest du von einem solchen Text?
4. Überlege dir, welche Wörter in diesem Text vorkommen könnten.

Aufgrund des Titels, der Quelle und der Textsorte bist du dir nun darüber im Klaren, was du von dem Text erwartest. Jetzt ist es sinnvoll, den Text zunächst einmal als Ganzes zu lesen, um zu klären, ob er deine Erwartungen erfüllt oder ihnen widerspricht. Deshalb lautet in den zentralen Prüfungen auch die erste Aufgabe: „Read the text". Du musst dabei nicht jedes Wort verstehen, denn es geht ja um den Gesamteindruck. Mache dir also keine Gedanken um unbekannte Wörter. Sie sind für das Gesamtverständnis nicht wichtig.

Beispiel 2:
Wie wichtig das Zusammenspiel von Überschrift/Titel, Art des Textes und Quelle ist, soll dir auch folgendes Beispiel verdeutlichen.

Die Überschrift lautet:

World Cup: England seek revenge over New Zealand in final

Es geht offensichtlich um ein Sportereignis, in welchem ein Team aus England und ein Team aus Neuseeland im Endspiel aufeinander treffen werden. Mit großer Wahrscheinlichkeit handelt es sich also um einen Zeitungsartikel, der im Vorfeld dieses Großereignisses erschienen ist.

Die Quelle *(www.bbc.com/sport/rugby-union)* lässt weitere Rückschlüsse zu, denn die Überschrift allein gibt noch nicht preis, um welche Sportart es sich handelt. Doch nun weißt du schon, dass hier Rugby gespielt wird. Auch ist dir vermutlich die Abkürzung BBC *(British Broadcasting Corporation)* bekannt. Und bbc.com statt bbc.co.uk weist auf ein internationales Publikum hin.

Dies wird untermauert von der Verfasserzeile (Byline):

By Becky Grey BBC Sport in Auckland

Die Autorin des Textes, Becky Grey, berichtet für BBC Sport aus Auckland, der größten Stadt in Neuseeland. Damit liegt es nahe, dass das finale Spiel in Neuseeland ausgetragen wird.

Noch einmal zusammengefasst weißt du also schon vor dem Lesen des Textes, dass es sich um einen Online-Artikel einer offiziellen englischsprachigen Nachrichtenquelle handelt, in dem es um ein wichtiges Rugby-Sportereignis geht, welches kurz vor der Austragung ist.

Auch hier ist es nun nützlich, wie in Beispiel 1 zu verfahren und dein Vorwissen rum um das Thema Team-Sport zu aktivieren.

Doch um welches Spiel geht es und wer spielt?
Entweder gibt dir das dazugehörige Bild bereits weitere Hinweise. Sollte kein Foto den Text begleiten, liest/überfliegst du nun die folgenden Zeilen des Artikels.

> [...] The Black Ferns snatched the World Cup from England in 2017 and, when it was announced in 2018 that New Zealand would host the next tournament, Middleton and Hunter nailed down their goal. [...] A new record attendance for a women's rugby match of more than 40,000 is expected and New Zealanders who have not managed to bag tickets have been cancelling Saturday night plans to make sure they can watch on television. [...]

Es geht offensichtlich um ein Rugby-Sportereignis von Weltformat *(World Cup, rugby match)*. Diese Informationen lieferten dir bereits die Überschrift und die Quelle. Doch wer spielt? Bislang hast du sicher angenommen, dass die Spieler männlich sind. Nun liest du jedoch women's rugby match.
Darüber hinaus deuten *new record, 40,000 [people?], television, Saturday night* auf etwas Spektakuläres hin. Verstärkt wird dieser Eindruck durch den Gebrauch einer sportlich reißerischen Ausdrucksweise: *to snatch the World Cup, to nail down a goal* [Achtung: *goal* im Sinne von Ziel, nicht Tor], *to cancel plans, to make sure.* Auch dies erwartest du von einer spannenden Sportberichterstattung.

Im deutschen Alltag ist Fußball sehr präsent. Und die meisten Top-Spiele finden am Wochenende statt. Fans sind im Stadion oder sitzen vor dem Fernseher. Hier kannst du leicht Parallelen ziehen. Und auch im Fußball ziehen Frauenteams ein immer größeres Publikum in ihren Bann. Mit diesem Vorwissen und diesen Erwartungen lässt sich die Bedeutung dieses Rugbyspiels England gegen Neuseeland im folgende Abschnitt des Artikels noch besser einordnen.

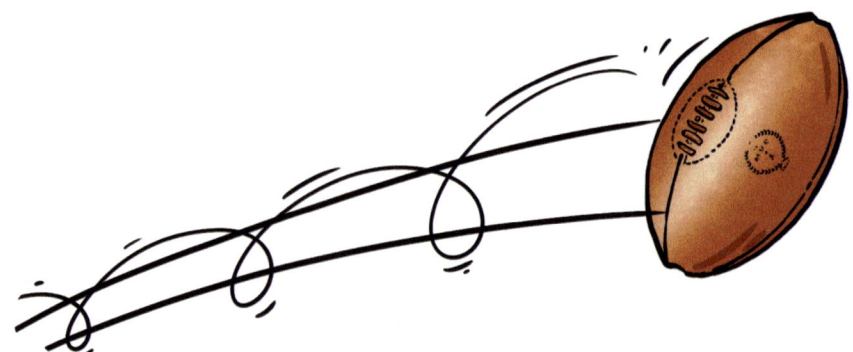

> [...] New Zealand's star wing Ruby Tui summed it up best as she compared this week to the situation 12 years ago.
> "Imagine this," she ordered a room full of journalists.
> "Nobody knows who the Black Ferns are, nobody knows what they look like, nobody follows women's rugby.
> "We're told, 'you will never be paid'. We're told, 'we're not giving you Eden Park for the World Cup - you're not going to sell it out'.
> "We're told, 'women's rugby doesn't matter'.
> "Here we are 12 years later. Eden Park is sold out. We are at home, playing the best teams in the world and I'm sitting here talking to the most media I've ever talked to for the Black Ferns. It's a special moment. [...]

Training zu 2.1: Vorwissen aktivieren

Versuche es einmal selbst mit einem anderen Text.

Stell dir vor, du bekommst als Prüfungsaufgabe einen Text mit dem Titel „Nurse", der aus einer Informationsbroschüre für Schülerinnen und Schüler, die sich über Berufe informieren wollen, stammt.

1. Worum geht es in dem Text deiner Ansicht nach?

   Um Krankenpflegekräfte und wofür sie ausgebildet werden. Geschichte der Krankenpflegekräfte.

2. Was weißt du schon zu diesem Thema? Notiere stichpunktartig.

   – anstrengender Beruf mit möglichen Überstunden
   – In vielen Ländern unterbezahlt
   – Krankenhauswarchix
   – Viel mehr Frauen

3. Welche englischen Wörter könnten im Text vorkommen? Notiere sie.

   doctor, hospital, operating theatre, profession, surgeon, surgery, university degree, MD, stud. med., soldiers

---

TIPP

Das, was du hier zum Training notierst, musst du so automatisieren, dass es in Zukunft auch ohne Aufschreiben in deinem Kopf abläuft.

---

4. Nun lies den Text:

Nurse

Nurses are specially trained to care for the sick and injured, or more generally to give advice and support in many different healthcare areas and situations. They work alongside doctors in hospitals and medical and dental centres, and in teams with other healthcare workers in community clinics and in patients' homes. 5

Nursing is a key medical profession, and training takes place in hospitals and universities. Especially in hospitals, nursing has many different specialities, for example intensive care nurse, children's nurse, or operating theatre[1] nurse. There are also various ranks within the nursing profession, from staff nurse through charge nurse or ward manager to the head nurse in a hospital. 10

Nursing started as a special profession in the mid-19th century, when an Englishwoman, Florence Nightingale, went to look after soldiers wounded in the Crimean War[2]. For the next century it was typically a woman's profession (and one of only a few), but since about the mid-20th century it has also been open to men. 15

Nurses are often more directly involved with patients than are doctors, which for many people is a reason for choosing this profession rather than studying medicine.

20 Especially today, at a time of global pandemic, the world does not have enough nurses to keep people healthy and to look after all the sick.

1 operating theatre – dt.: Operationssaal
2 Crimean War – dt.: Krimkrieg (1853–56)

5. Überprüfe, ob sich bestätigt, was du im ersten Schritt vermutet hast. Sollte das nicht der Fall sein, so überlege, warum du etwas anderes vermutet hast und ob deine Erwartungen an einen Text mit diesem Titel und der Textsorte „Informationsbroschüre" wirklich sinnvoll waren.

2.2 Arbeitstechnik: Gemäß Aufgabenstellung lesen

Nachdem du deinen Prüfungstext zum ersten Mal gelesen hast, **nimm dir unbedingt Zeit,** die Aufgabenstellung zu lesen oder dir bewusst zu machen, welche Informationen dir der Text liefern soll. Es ist sehr wichtig zu verstehen, **wonach genau gefragt ist.** Geht es zum Beispiel darum, gezielt nach konkreten Informationen zu suchen oder bestimmte Fakten aus dem Text zu entnehmen, muss du an der entsprechenden Textstelle nachlesen und die passende Information erkennen. Dabei kann es dir helfen, wenn du die Textstelle oder die Wörter markierst, die zur Beantwortung der jeweiligen Frage wichtig sind.

Kehren wir noch einmal zurück zum Thema Rugby. Möchtest du z.B. erfahren, wie viele Spieler auf dem Spielfeld stehen, wie die allgemeinen Regeln lauten oder wo überall auf der Welt Rugby populär ist?

Wenn bei dem Lexikoneintrag über Rugby (S. 12) zum Beispiel gefragt würde „How is rugby played?", musst du im Text gezielt nach Informationen zu den Spielregeln suchen. Wahrscheinlich weißt du ohnehin schon, dass Rugby ein Teamsport ist und mit einem oval geformten Ball auf einem Spielfeld gespielt wird. Das findest du dann auch gleich im ersten Satz bestätigt: *two teams / 15 or 13 players, oval ball.* Wie wird gespielt? Dazu findest du im Text weitere Informationen: *Players can only kick the ball forward / can pick up the ball and run with it in a game.* Um diese Frage zu beantworten, musst du also unterschiedliche Informationen des Textes verstehen und zusammenbringen, du musst Zusammenhänge verstehen. (Möchtest Du wissen, wann ein Team gewonnen hat? Über die Dauer eines Spiels oder die Punktevergabe gibt es in diesem Text jedoch keine Informationen.)

Wenn die Frage „Who is credited with inventing modern Rugby?" lautet, dann musst du gezielt nach einem Namen suchen. Der Name Webb Ellis taucht im Britannica-Lexikoneintrag gleich zweimal auf.

Nun stelle dir vor, es wird gefragt „Where is Rugby a national sport?" Um das herauszufinden, musst du im Text nach Ländern suchen. Im zweiten Absatz wirst du fündig. Jedoch gilt es genau hinzuschauen, denn es werden zunächst Länder aufgelistet, in denen Rugby gespielt wird (popular sport in many countries of the world). Der letzte Satz erst nimmt Bezug auf die wichtigsten Rugbynationen *(top level, traditional rugby powers).*

An den Zeitungsartikel „World Cup: England seek revenge over New Zealand in final" gehst du aufgrund deines Vorwissens mit ganz anderen Erwartungen heran. Informationen zu allgemeinen Spielregeln sind hier nicht zu erwarten. Diese sind der an Rugby interessierten Zielgruppe dieses Textes bekannt. Vielmehr richtet sich deine Aufmerksamkeit auf das kurz vor der Austragung stehende Spiel, die Erwartungen an das Match und das Ansehen der Frauenteams im Rugbysport.

TIPP

Lies die Fragen zum Text genau: Was wird von dir erwartet?
– Sollst du gezielt nach konkreten Informationen suchen?
– Sollst du Zusammenhänge verstehen?
– Sollst du die Gesamtaussage oder die zentrale Aussage verstehen?

Es kann auch sein, dass danach gefragt wird, ob du die **Gesamtaussage oder die zentrale Aussage eines Textes** verstanden hast. Der folgende Satz des Amerikaners Robert Orben ist zunächst einmal sehr einfach zu verstehen:

"Do your kids a favor - don't have any."

Überlege dir nun, wie du folgende Frage beantworten würdest: "Does the speaker like the other person? Yes or no?"
Du musst hier verstehen, was das für ein Gefallen ist, den der/die andere seinen/ihren Kindern tun soll. Wenn er/sie besser keine Kinder haben sollte, bedeutet dies, dass er/sie ein schlechter Vater oder eine schlechte Mutter wäre. So etwas sagt man nur, wenn man den/die Angesprochene(n) nicht besonders gut leiden kann.

Training zu 2.2: Gemäß Aufgabenstellung lesen

Übung 1:
Damit du den ersten Schritt nicht vergisst, wende Arbeitstechnik A 2.1 (S. 12) auf die Angaben zum dann folgenden Text an:
Titel: "London's dark waters – the River Thames"
Textsorte: Artikel aus einer Zeitschrift

Lies nun den Text und überlege, ob er deine Erwartungen erfüllt.

London's dark waters – the River Thames

Every part of the Thames tells a story of the city's past. The Tudors[1] skated on it, the Victorians[2] used it as a toilet. And it was the setting of a James

5 Bond boat chase – London's famous river, the Thames. Kings and queens have travelled on it. On Sunday 3rd June 2012, Queen Elizabeth II sailed down the River Thames on a luxury

10 boat decorated with 10,000 flowers among a majestic flotilla of 1,000 boats to mark her 60 years on the British throne.

Today the river is a tourist attraction. Along its banks wonderful old palaces, cathedrals, glass skyscrapers, trendy restaurants and nightclubs can be seen.

15 But the Thames is much more than fun and beauty. Without it, London might not even exist. Some historians believe that the Romans founded Londinium in the year 50 AD because they thought the river would make trade possible.

Over the centuries, the Thames has gone through many changes. Between 1400 and 1900, while Europe was in the grip of a mini ice age, London got so

20 cold that the river froze over 23 times. In 1536, King Henry VIII went sleigh riding on the ice. Thirty years later, his daughter Elizabeth I took long walks on the frozen river. Later the river played a more serious role.

In 1666, the Great Fire of London destroyed thousands of houses and left 100,000 people homeless. Londoners escaped the fire on the river – many of

25 them sitting in boats until it was over.

Less than two centuries later the river became a stink-bomb, caused by flush toilets[3]. During the Great Stink of 1858, the government fled the Houses of Parliament as the smell became unbearable during the hot summer. Thousands of people died of disease from the dirty water.

30 The name 'Thames' probably comes from a very old word meaning 'dark water' because of the river's muddy colour. But the Thames is dark in other ways, too. There is a dark, troubled side that some visitors to London do not know about. In the 17th and 18th centuries, the banks of the river at Wapping were known as Execution Dock, where murderers and robbers were hanged. The bodies of

35 the most notorious pirates were left hanging in metal cages as a warning to others. Around this time the river got its own police force to keep it free from pirates. Pirates are not a problem any more, but the river police still have a hard job fighting crime.

On your next visit to London, if you take a walk along the Thames, you might see the river in a new light.

1 **Tudors** – The Tudor dynasty was a royal family in the 16th century.

2 **Victorians** – The people who lived during the reign of Queen Victoria (1837–1901)

3 **flush toilet** – Toilette mit Wasserspülung

Adapted from Spot on (5/2011), Spotlight-Verlag, Planegg/München

AUFGABEN

Deine Aufgabe ist, zu entscheiden, worum es bei den folgenden Fragestellungen geht (siehe Tipp auf Seite 14), und die Fragen dann zu beantworten. Markiere jeweils, was du für richtig hältst.

1 In 2012, Queen Elizabeth II celebrated her 60th birthday on the Thames. True or false?
Du sollst hier ...
gezielt nach konkreten Informationen suchen. ☐
Zusammenhänge verstehen. ☐
die zentrale Aussage verstehen. ☐

2 Why was 1666 a terrible year for many people?
Du sollst hier ...
gezielt nach konkreten Informationen suchen. ☐
Zusammenhänge verstehen. ☐
die zentrale Aussage verstehen. ☐

Was sollst du hier tun?
3 Tourists like the Thames because (tick the correct answer – there may be more than one) ...
a) the water has a muddy colour. ☐
b) they can see famous sights from the river. ☐
c) they can walk on the ice in a cold winter. ☐
d) criminals were hanged at Execution Dock. ☐

Du sollst hier ...
gezielt nach konkreten Informationen suchen. ☐
Zusammenhänge verstehen. ☐
die zentrale Aussage verstehen. ☐

4 The river played quite an important role in London's history. True or false?
Du sollst hier ...
gezielt nach konkreten Informationen suchen. ☐
Zusammenhänge verstehen. ☐
die zentrale Aussage verstehen. ☐

Was sollst du hier tun?
5 The Thames was so dirty in the 19th century that (tick the correct answer – there may be more than one) ...
a) many people became ill. ☐
b) the government left the Houses of Parliament. ☐
c) the river got its own police force to keep it clean. ☐
d) swimming was forbidden. ☐

Du sollst hier ...
gezielt nach konkreten Informationen suchen. ☐
Zusammenhänge verstehen. ☐
die zentrale Aussage verstehen. ☐

Versuche nun, das, was du bisher gelernt hast, auf eine Aufgabe anzuwenden, wie sie häufig in den zentralen Prüfungen vorkommt:

Übung 2:
The following people are looking for a job. Who might be interested in which of the jobs in the advertisements? Read the descriptions of the people and of the jobs, then decide who will apply for which job.

Sue Person, 32
Lives in Linlithgow, Scotland, and has had a part-time job as a secretary for the last 10 years. Now that all her children are old enough, she is looking for a full-time job.

Annie Hamilton, 47
Lives between Edinburgh and Linlithgow in Scotland and has worked as a secretary and accountant for a catering company in Edinburgh for more than 20 years. Now she has lost her job because the company has gone bankrupt. She cannot do without a job because the family must still pay for their house.

Jerzy Borowski, 38
Originally from Poland, he lives in Hamburg now, where he works in one of the best restaurants as a cook. Before, he worked in several restaurants in Germany, Italy and France with famous chefs. He speaks Polish, Italian, French, German and English. He would like to earn more money and to have a more responsible position.

Karen Johnston, 25
Lives in Falmouth in the south of England. She has been married for two years and her first child is due in four months. She has been working as a personal secretary with a computer company in Truro for the last three years. Now she would like to have a part-time job closer to her home.

Ryan Simpson, 42
Lives in Deal in the south of England and has been working in a beauty shop for 15 years. He would like to move to the north and is looking for a job in the north of England or in Scotland.

The job offers

No 1:

Sue Wilson
Face and body spa[1] for men & women
Requires
Experienced Beauty Therapists & an
Experienced Nail Technician in gel and acrylic nails

Excellent working conditions

Applications with CV to:
Mrs Sue Wilson, 49 Seabank Road, Nairn IV12 4HG, Scotland

---

1 spa – commercial establishment providing facilities devoted especially to health, fitness, weight loss, beauty and relaxation

No 2:

The Kingfisher   Falmouth
Hotel & Restaurant   Cornwall TR10 9ED
                                                  01326 521507

16 bedroom, 2 rosette[1], privately owned, award winning restaurant Country
House Hotel on the outskirts[2] of Falmouth half a mile from superb beaches.
The principal object of the hotel and restaurant is high quality and complete
guest satisfaction.
We are looking for a SOUS CHEF RESPONSIBLE TO THE EXECUTIVE CHEF
This is a job which requires a person who pays attention to detail and has a
creative flair. Applicants must have experience in a 1 rosette (or 1 Michelin
star) or higher establishment. Excellent communication skills and a passion
for food and the desire to push standards to an even higher level would be
an attractive quality.
In return you will receive an excellent salary, meals on duty, holidays and
excellent career progression.
To apply for this exciting opportunity, either apply in writing with CV or
apply by e-mail to kingfisherhotel@aol.com

1 rosette – In Britain, excellent restaurants are awarded one or more rosettes (like for example Michelin stars).

2 outskirts – away from the centre

No 3:

Part Time/Casual Secretary Typist Accounts Clerk required
near Linlithgow, West Lothian, Scotland
12/13 hours p.w. flexible
Must be competent typist & computer literate
Tel: 01506 740204

Who might apply for which job?

Job no 1: _____
_____

Job no 2: _____
_____

Job no 3: _____
_____

A 2.3 Arbeitstechnik: Wörter erschließen

Wenn du Texte in einer Fremdsprache liest, wird es immer wieder vorkommen, dass du auf Wörter triffst, die du nicht kennst. Das kommt sicher auch gelegentlich in deiner Muttersprache vor, ist also etwas ganz Normales. Zunächst einmal ist es wichtig, in solchen Situationen, wenn du also ein unbekanntes Wort liest,

TIPP

Ruhe bewahren!!!

Ruhe zu bewahren, nicht in Panik zu geraten. Oft ist es überhaupt nicht wichtig, jedes Wort zu verstehen, weil man den Gesamtzusammenhang auch ohne dieses Wort versteht.

Ein Beispiel:

> Nursing is a key medical profession, and training takes place in hospitals and universities. Especially in hospitals, nursing has many different specialities, for example intensive care nurse, children's nurse, or operating theatre nurse. There are also various ranks within the nursing profession, from staff nurse through charge nurse or ward manager to the head nurse in a hospital.

Möglicherweise kennst du das Wort „ward" in der letzten Zeile nicht. Das stellt aber kein Problem dar, weil es sich hier um ein Glied einer Aufzählung der unterschiedlichen Aufgabenbereiche handelt, die im einzelnen nicht wichtig für das Verstehen des Textes sind.

Manchmal allerdings ist ohne ein bestimmtes Wort die Information, die du gerade suchst, nicht zu entschlüsseln. In der Prüfung steht dir kein Wörterbuch zur Verfügung, aber auch sonst ist es lästig und zeitaufwändig, Wörter im Lexikon nachzuschlagen. Oft ist das auch gar nicht notwendig, weil du mit dem Wissen, das du hast, oder mit dem, was du schon verstanden hast, die Bedeutung von einzelnen unbekannten Wörtern erschließen kannst. Du musst nur Ruhe bewahren und einen Augenblick nachdenken.

Häufig hilft es schon, den ganzen Satz oder auch mehrere Sätze zu lesen, um das betreffende Wort zu verstehen. So funktionieren ja auch Lückentexte, die du aus dem Unterricht sicherlich kennst und in denen du Wörter in eine Lücke einträgst, weil du den Zusammenhang verstehst. Genauso kannst du auch **die Bedeutung eines Wortes aus dem Zusammenhang erschließen,** geradeso, als wäre an dieser Stelle eine Lücke. Damit lernst du zugleich auch das englische Wort, wenn du die Bedeutung aus dem Zusammenhang verstanden hast.

Versuche es einmal mit dem folgenden Ausschnitt aus einem Brief, den ein englischer Junge von einem Auslandsaufenthalt in Neuseeland schreibt. Sicher kannst du dir vorstellen (ob deutsch oder englisch ist hier eigentlich egal), was in den Lücken stehen muss:

The family I'm (1) _____ with are nice people and they live in a

fantastic (2) _____. It is very large, comfortable, in a quiet part of

the city, but not too far from the centre. I have my (3) _____ bedroom.

There are four (4) _____ in the family, three girls and one boy, all of them

teenagers. The eldest, Nick is at university. He wants to (5) _____

a doctor. The others still go to (6) _____, like me. Nina is the

youngest, (7) _____ is thirteen.

LÖSUNGSHILFEN

Falls du bei einigen Lücken Schwierigkeiten haben solltest, denke nicht nur an die Bedeutung. Manchmal hilft auch ein Blick auf den Aufbau des Satzes. Hier sind einige Hilfen (du solltest natürlich immer den Bedeutungszusammenhang beachten):

1 Das der Lücke vorangehende „I'm" zeigt, dass nun ein Verb mit der Endung „ing" folgen muss *(present progressive)*.

2 Nach „in a fantastic" muss unbedingt ein Nomen kommen.

3 Zwischen „my" und „bedroom" kann nur ein Adjektiv stehen.

4 Nach „four" folgt ein Nomen im Plural.

5 Nach „wants to" kann nur ein Verb kommen.

6 Es geht hier um die Kinder, die jünger sind als Nick. Nick studiert, die anderen machen noch („still") etwas anderes. Welches Nomen ist das einzig sinnvolle nach „go to"?

7 Dem Satzbau entsprechend fehlt hier das Subjekt, und zwar die Person, die 13 Jahre alt ist. Da wäre natürlich Nina möglich. Der Name war schon im Satz vorhanden und man versucht möglichst, Wiederholungen zu vermeiden. Das geht hier ganz einfach durch ein Personalpronomen. Welches passt?

Als nächsten Schritt geht es nun darum, den Sinn eines englischen Wortes aus dem Textzusammenhang zu erschließen. Lies die folgenden Sätze:

> I was seven. The war had been going on for
> three years then and my father was still away
> in France. I **barely** knew him.

Möglicherweise kennst du das Wort „barely" tatsächlich nicht, ansonsten nehmen wir einmal an, du kennst es nicht. Welche Möglichkeiten bietet dir der Textzusammenhang, die Bedeutung dieses Wortes zu erschließen?

Es geht offensichtlich um ein siebenjähriges Kind, dessen Vater seit drei Jahren Soldat im Krieg ist. Also kann das Kind den Vater in dieser Zeit nicht oft, wenn überhaupt, gesehen haben. Das Wort „barely" gibt eine Information zum Verb „know", es geht um das Kennen des Vaters („him"). Wie kann man einen Vater kennen, wenn man ihn seit drei Jahren praktisch nicht gesehen hat und erst vier war, als man zuletzt regelmäßig mit ihm Kontakt hatte? Folgende Möglichkeiten sind denkbar: gut, einigermaßen, nicht so gut, wenig, kaum, (gar) nicht. In unserem kurzen Text ist nur eine negative Aussage denkbar, also entweder „wenig" oder „kaum" oder „gar nicht". „Gar nicht" ist jedoch auch nicht sinnvoll, da das Kind den Vater im Alter von vier Jahren noch zu Hause hatte. Es passen also „wenig" oder „kaum".

Nicht nur der Zusammenhang kann dir helfen, unbekannte Wörter zu erschließen, manchmal hilft auch ein Blick auf andere dir bekannte Sprachen.
Sicherlich ist dir klar, dass wir im Deutschen viele englische Begriffe übernommen haben. Auch ist dir bestimmt bewusst, dass viele Sprachen miteinander verwandt sind und daher oft Ähnlichkeiten bei Wörtern besteht. Dabei ist es (fast) egal, ob du Latein oder Französisch oder eine andere zweite Fremdsprache gewählt hast, es zeigen sich immer wieder Verbindungen, wie du an folgendem Beispiel sehen kannst:

Englisch: *to abbreviate*
Latein: *brevis* (=kurz)
Französisch: *abréger*
Deutsch: *abkürzen*

Auch in den folgenden Sätzen sind einige Wörter enthalten, deren Bedeutung du von ihrem Gebrauch im Deutschen her kennst, obwohl es eigentlich englische Wörter sind. Wir verwenden sie jedoch schon lange im Deutschen:

All of us did a little bit of **show business.** My older brother was on the cover of Harper's **magazine.**

Wenn du weitere Sprachen kennst, zum Beispiel weil in deiner Familie eine andere Sprache (Italienisch, Griechisch, Türkisch usw.) gesprochen wird oder weil Du weitere Sprachen in der Schule oder außerhalb lernst (zum Beispiel Französisch, Spanisch, Latein), kannst du auch über diese Sprachen Verbindungen finden, denn auch hier gibt es Ähnlichkeiten.

Hierzu einige Beispiele:
– Im Rugby-Text taucht das Wort origin (zweiter Satz, … have their origins in … + origins of the game) gleich zweimal auf. Im Italienischen heißt das „origine".
– Im gleichen Text steht evidence (… there is no direct evidence …). Im Lateinischen heißt das „evidentia", im Spanischen „evidencia".
– Ebenfalls im Rugby-Text wird das Wort development benutzt (… in the development of rugby football …). Im Französischen gibt es das gleiche Wort als „développement".

Schließlich kannst du auch aus der Form von Wörtern auf ihre Bedeutung schließen, wenn es sich nämlich um Formen handelt, die aus anderen Wörtern abgeleitet sind, die du schon kennst:
– Sieh dir zum Beispiel noch einmal das Wort origin an. Wenn du dieses kennst und aus dem Englischunterricht weißt, dass man mit der Endung „-al" aus einem Nomen ein Adjektiv machen kann, verstehst du „original". Und Du weißt sicher auch, dass die Endung „-ly" aus einem Adjektiv ein Adverb macht.
– In dem Artikel „London's dark waters" (Seite 18) erscheint in Zeile 28 der Begriff „unbearable". Du kennst vermutlich das Verb „to bear". Die Endung „-able" macht daraus ein Adjektiv und die Vorsilbe „un-" macht daraus wiederum das Gegenteil.
– zudem sind auch Wörter einfach zu erschließen, die einen gemeinsamen Wortstamm haben. Um nur einige zu nennen: *to decorate/decoratio*n (Artikel „London's dark waters", Zeile 9), *to destroy/destruction* (Zeile 23); *to attend/attendance* („World Cup: England seek revenge over New Zealand in final", Zeile 3), sick/sickness (Text „Nurse", Zeile 20).

Training zu 2.3: Wörter erschließen

Übung 1:

Versuche nun, diese Techniken zur Erschließung von unbekannten Wörtern auf den folgenden Text anzuwenden. Lies zunächst den gesamten Text, um diesen Ausschnitt aus einer Geistergeschichte global zu verstehen. Wende dich erst danach den Wörtern zu, die du nicht kennst. Welche kannst du mithilfe der Techniken in der Checkliste selbst erschließen? Falls du Schwierigkeiten hast, folgen einige Hilfestellungen nach dem Text. Schreibe die unbekannten Wörter auf ein Extrablatt und schreibe dann daneben, welche Bedeutung du vermutest.

CHECKLISTE

Bei unbekannten Wörtern solltest du dir folgende Fragen stellen:

1. Kannst du das Wort aus dem Zusammenhang erschließen?
2. Kannst du das Wort aus der Muttersprache (oder einer anderen Sprache, die du kennst) erschließen?
3. Hilft dir deine Kenntnis von Wortbildungsregeln? Kennst du vielleicht ein ähnliches Wort?

He lay there in the darkness, paralysed with fear. He could hear the footsteps getting closer, knowing they were carrying something evil. He tried to move, to defend himself or make his escape, but his muscles wouldn't respond. He tried to shout but even his lungs wouldn't oblige. The footsteps had stopped now; the door handle creaked as it turned. The door slowly opened, he saw 5 the glint of the knife in the moonlight, and finally he cried out …
His mother woke him. He was covered in sweat, his heart pounding as if it would explode.
"I must have been having that nightmare again", he said.

Slightly adapted from: http://www.english-the-international-language.com/reading/reading2.html

LÖSUNGSHILFEN

- <u>Zeile 1</u>: paralysed – Versetze dich in die Lage des Jungen: Wie fühlt er sich? Das Wort „fear" gibt dir einen deutlichen Hinweis. Vielleicht kennst du auch das deutsche Wort „paralysiert" (= gelähmt)?
- <u>Zeile 4</u>: oblige – Wenn du den Zusammenhang und den Satz genau betrachtest, siehst du, dass der Junge unterschiedliche Dinge versucht (sich verteidigen oder weglaufen im vorhergehenden Satz, schreien in diesem Satz). Dann folgt aber eine verneinte Aussage. Du weißt schon, dass die Muskeln nicht reagieren, also kannst du schließen, dass mit der Lunge Ähnliches geschieht, dass er also auch nicht schreien kann. „Oblige" ist also hier das Gleiche wie „respond", der Autor versucht nur, nicht zweimal dasselbe Wort zu benutzen.
- <u>Zeile 5</u>: handle – Im Zusammenhang mit „door" kann das nur die Klinke sein. Denke auch an das Verb „handeln", das aus dem Englischen entlehnt ist. Es bedeutet „etwas gebrauchen".
- <u>Zeile 5</u>: creak – Da es dunkel ist, muss es sich um ein Geräusch handeln. Welches Geräusch macht ein Türknauf, wenn man ihn dreht?
- <u>Zeile 6</u>: glint – Im Mondlicht kann er etwas sehen, das von einem Messer herrührt. Was denkst du, was man im Mondlicht sieht? Es gibt zudem das deutsche Wort „glitzern".
- <u>Zeile 7</u>: pounding – Die Endung „-ing" zeigt dir, dass es nicht um das Nomen „pound" (= Pfund) geht, sondern um das Verb „pound", also um eine Tätigkeit. Im Zusammenhang mit dem Herzen ist offensichtlich, worum es geht.

Übung 2:

Sieh dir nun den folgenden einleitenden Satz einer Pressemitteilung der Neuseeländischen Regierung an:

> „Aotearoa New Zealand will boost and accelerate climate action across the Pacific, through a significant new partnership with the Pacific Community (SPC) supporting its Climate Change Flagship programme."
>
> https://www.beehive.govt.nz/release/government-joins-forces-boost-pacific-climate-action

LÖSUNGSHILFEN

– <u>Zeile 1</u>: *Aotearoa* – Der Begriff steht gleichberechtigt neben dem Begriff New Zealand. Da es sich bei den vorliegenden Zeilen um eine offizielle Pressemittteilung der Regierung handelt, liegt folgender Schluss nahe: *Aotearoa* bedeutet *New Zealand* in der Sprache der Maori.

– <u>Zeile 1</u>: *boost* - Im Zuge der Corona-Impfkampagne war die Booster-Impfung zeitweise in aller Munde *(to boost:* verstärken, fördern).

– <u>Zeile 1</u>: Hier hilft der Sinnzusammenhang: *boost* und *accelerate:* Welche Aktion passt noch zu „verstärken" und dem nachfolgenden Begriff *climate action* (siehe auch nächster Eintrag)? *(to accelerate:* etwas beschleunigen)

– <u>Zeile 1</u>: *climate action* – Dieser Begriff dürfte ganz leicht zu verstehen sein. Im Deutschen haben wir die Wörter Klima und Aktion (Beachte jedoch weitere Übersetzungen für das Wort *action:* u. a. Handlung, Handeln, Tat, Maßnahme).

– <u>Zeite 2</u>: *support* – Das deutsche Wort „Support" ist ein Anglizismus und kommt vom Englischen *to support* = unterstützen.

– <u>Zeile 3</u>: *Flagship* – Flagge und Schiff = Flaggschiff? Ja. Richtig. Geläufiger mag dir aber vielleicht gar der Englische Begriff sein, denn im Deutschen kennen wir, unter anderem im Handel benutzt, z. B. den „Flagship-Store" (Vorzeigeobjekt eines Unternehmens, wichtigste Filiale einer Kette).

3 Hörverstehen

Was für das Leseverstehen gilt, gilt für das Hörverstehen in besonderer Weise: Du musst eine Vorstellung davon haben, worum es in dem Hörtext wahrscheinlich gehen wird. Wenn du das weißt, ist es gar nicht mehr so wichtig, wenn du einzelne Wörter nicht verstehst.

Stell dir einmal vor, du hörst einen Satz wie „The drambo drongs grumpfly".

Nichts verstanden? Kannst du eigentlich auch nicht, weil es außer „The" keines dieser Wörter gibt. Aber hast du wirklich nichts verstanden? Deine Kenntnis der englischen Sprache sagt dir zumindest, dass es hier darum geht, dass irgendjemand oder irgendetwas („the drambo") etwas tut („drongs"), und das auf eine ganz bestimmte Art und Weise („grumpfly"). Wenn du nun wüsstest, dass es um Tiere in Australien geht und deren Art, sich fortzubewegen, könntest du annehmen, dass „drambo" ein Tier ist, das sich „grumpfly" (klingt irgendwie schwerfällig, oder?) fortbewegt. Du könntest also Fragen zu diesem Satz beantworten, ohne die Wörter zu kennen, weil du das Thema kennst und weil du weißt, wie ein englischer Satz normalerweise aufgebaut ist.

Ebenso wichtig wie das Thema ist auch, dass du weißt, was die Aufgabe eigentlich von dir verlangt, d. h., wonach du gefragt wirst. Da du jeden Hörtext in der Prüfung nur zweimal hören wirst und nicht wie bei einem Lesetext später nachlesen kannst, ist es von großer Bedeutung, dass du schon vorher genau weißt, worum es eigentlich geht.

Du solltest **drei verschiedene Arten von Hörverstehen** unterscheiden:

– selektives Hörverstehen
– globales Hörverstehen
– detailliertes Hörverstehen

Wie du sehen wirst, kann es dir eine große Hilfe sein, wenn du dir vor der Bearbeitung der jeweiligen Textaufgabe klarmachst, um welche Art des Hörens es geht.

3.1 Selektives Verstehen

Beim selektiven Hörverstehen geht es darum, aus einem längeren Hörtext die Antwort auf eine ganz bestimmte Frage herauszuhören. Du kennst das natürlich auch in der Muttersprache.

Wenn du z. B. wissen willst, ob du morgen mit deinen Freunden ins Freibad gehen kannst, hörst du den Wetterbericht und konzentrierst dich darauf, ob es morgen in deiner Gegend wohl regnen wird oder nicht. Oder du stehst am Bahnhof und hörst eine Ansage. Das meiste davon interessiert dich nicht. Es sind Geräusche, die du zwar „hörst", aber eben nicht bewusst aufnimmst. Hörst du aber etwas, das die Abfahrtszeit deines Zuges betrifft, nimmst du diese Information bewusst auf, um zu erfahren, ob der Zug pünktlich sein wird.

TIPP 1 three steps!

Step 1:
Lies die Aufgabenstellung genau, um die Situation zu verstehen.
Step 2:
Mache dir klar, nach welcher Information im Hörtext du suchen sollst.
Step 3:
Überlege dir, welche Begriffe im Zusammenhang mit dieser Information du erwartest.

Du „selektierst", wählst also aus, was dich interessiert und was nicht. Wenn du nun über einer Aufgabe den Hinweis „selektives Hören" findest, sollst du gezielt eine Information aus dem Hörtext heraushören. Du musst die Aufgabe genau lesen, damit du weißt, welche Information dies ist. Meist wirst du in eine Situation versetzt, in der eine oder mehrere Personen eine Ansage (etwa auf Bahnhöfen, Flughäfen, in Kaufhäusern) oder auch einen Wetterbericht hören, worin für sie wesentliche Informationen enthalten sind. Wenn du die Aufgabenstellung genau liest, weißt du auch exakt, um welche Situation es sich handelt und nach welchen Informationen du in dem Hörtext suchen sollst. Wenn dir das klar ist, dann kannst du auch Schlüsselwörter benennen, die dir wahrscheinlich bei der Lösung der Aufgabe helfen werden und auf die du achten musst.

Versuch dies einmal an folgendem Beispiel:

Beispiel 1:

 Track 1

John Barton lives in the east of Ireland and he is planning a barbecue with friends for tonight. He listens to the weather forecast to find out if that is a good idea.

Step 1: Welche Situation ist gegeben?

Barbecue tonight, east of Ireland, weather forecast

Step 2: Was will John Barton (was sollst du) herausfinden?

Will the weather be good enough for a barbecue?

Step 3: Auf welche Begriffe musst du achten?.

Ireland, east, cloudy, rain, showers, wind, temperature

Wenn du dir jetzt das Hörbeispiel anhörst, wird es dir nicht schwerfallen, die folgende Aufgabe zu bewältigen:

	true	false
1. It is going to rain in the east of Ireland tonight.	☐	☐
2. There will be very strong winds.	☐	☐
3. It's a good day for a barbecue.	☐	☐

Mit dem nächsten Beispiel kannst du dies jetzt selbst versuchen. Denke an die Tipps auf der vorigen Seite.

Beispiel 2:

Track 2

Peter and Susan want to travel to Ramsgate by train. Their train is scheduled to leave from platform 2 at 17:52. Listen to the following announcement to find out about their journey.

Step 1: Welche Situation ist gegeben?

_____

_____

Step 2: Was wollen Peter und Susan (was sollst du) herausfinden?

_____

_____

Step 3: Auf welche Begriffe musst du achten?

_____

_____

Nun löse die AUFGABE (Multiple Choice):

Tick the correct answer.

1 The train is going to be …
a) on time. ☐
b) 10 minutes early. ☐
c) half an hour late. ☐

2 It is going to run …
a) from platform 2. ☐
b) from platform 5. ☐
c) from platform 1. ☐

3 They …
a) have to change at Faversham. ☐
b) have to take the bus from Margate. ☐
c) can stay on the train to Ramsgate. ☐

Lass dich nicht durch die vielen Details verwirren. Du weißt ja aus der Aufgabenstellung, auf welche Wörter (z. B. Ortsnamen) du dich konzentrieren musst.
Du siehst: Wenn du die *three steps* anwendest, fällt die Lösung der eigentlichen Aufgabe gar nicht mehr so schwer.

3.2 Globales Verstehen

Bei dieser Form des Hörverstehens sollst du zeigen, dass du den **Hauptgedanken** eines Hörtextes erfassen kannst. Du sollst also z. B. herausfinden, wer mit wem spricht und um welches Thema es geht. Details sind nicht so wichtig. Im Grunde gilt für diesen Aufgabentyp dasselbe wie für die Leseverstehensaufgaben. (siehe A 2, S. 13)

Beispiel 3: Track 3

You are going to hear someone talking about a special day in Britain. Find out what day that person is talking about, what's special about it and what you get to know about the origins of that day.

Wende zunächst die *three steps* an:

Step 1: Welche Situation ist gegeben?

_____

_____

Step 2: Was sollst du herausfinden?

_____

_____

Step 3: Auf welche Begriffe musst du achten?

_____

_____

Und nun löse die Aufgabe.

Complete the following summary.

Somebody talks about a special day in Britain, _____ , which is on _____

_____ . He/she says that on that day people

_____ . And he/she explains that the name comes

_____

_____

3.3 Detailliertes Verstehen

Beim detaillierten Verstehen geht es, wie der Name schon sagt, darum, einige der **Detailinformationen,** die der Text dir präsentiert, zu erkennen. Damit ist diese Form des Hörverstehens wohl auch die anspruchsvollste. Die *three steps* gelten natürlich auch hier: Der thematische Rahmen und das Wissen darum, worauf du beim Hören achten sollst, sind schon „die halbe Miete".

Eine weitere Strategie, die dir sicher hilft, ist es, gezielt auf bestimmte **Signalwörter** zu achten, die jeder Sprecher benutzt, um dem Hörer klarzumachen, wie die Informationen zusammenhängen, die er geben will. Diese sagen dir schon eine ganze Menge, ohne dass du inhaltlich viel verstehen musst.

Stell dir vor, folgender Dialog hat mit dem Thema „Should smoking be forbidden?" zu tun und deine Aufgabe ist es, die Positionen der Sprecher zu diesem Thema herauszufinden:

John: "Yes, I really think blablablablabla ..." _____

Bill: "I can't agree with that. Although blablabla, on the other hand ..." _____

Peter: "Yes, that's right. Apart from that, blablabla ... _____

Ohne das „blablabla" verstanden zu haben, kannst du bereits vieles feststellen: John ist wohl gegen das Rauchen und begründet dies. Bill ist anderer Meinung. Er stimmt John zwar in einem Punkt zu, nennt aber dann ein Gegenargument. Peter stimmt ihm da zu und hat noch ein weiteres Argument.

Wenn du die *three steps* angewendet und dir die Aufgabe genau angesehen hast, weißt du, dass du zu diesem Text eine *matching*-Aufgabe lösen sollst, die etwa so lauten könnte:

– Choose the correct speaker for each statement.
  There is one more statement than there are speakers.

A I don't really know about that.		Peter
B Smoking kills. It should be made illegal.		Bill
C Smoking is a filthy habit, but everybody should decide for him/herself if he/she smokes or not.		John
D There are too many regulations already.		

Diese Aufgabe könntest du jetzt lösen, ohne die einzelnen Äußerungen im Detail verstanden zu haben, oder? Versuche es einmal.

LÖSUNGSHILFE

Wenn du im Lösungsheft nachsiehst und feststellen solltest, dass deine Zuordnungen falsch sind, dann liegt das wahrscheinlich daran, dass du nicht genau hingesehen hast: Die Sprecher äußern sich ja zu der Frage „Should smoking be forbidden?". Wenn Bill also dagegen ist, dann ist er nicht gegen das Rauchen, sondern dagegen, dass es verboten wird. Er ist also wahrscheinlich selbst Raucher! Wenn du richtig gelegen hast: herzlichen Glückwunsch!

Du siehst also, **signal words** können ausgesprochen hilfreich sein.
Deshalb solltest du dir jetzt ein wenig Zeit nehmen und selbst überlegen, welche *signal words* du kennst und diese danach ordnen, in welcher Art von Hörtexten du sie mit hoher Wahrscheinlichkeit erwarten kannst.

LÖSUNGSHILFE

Im Lösungsheft findest du eine Liste von *signal words,* die du dann abgleichen kannst. Aber sieh nicht zu früh nach, denn es ist auf jeden Fall besser, wenn du selbst einige nennen kannst und auch weißt, was sie bedeuten und wie sie in einem Satz funktionieren.

1. Begriffe, die einen zeitlichen Zusammenhang deutlich machen, wenn etwa jemand etwas erzählt oder berichtet (z. B. Nachrichten, Interviews):

   first, then, _____

   before _____

   _____

   _____

2. Begriffe, mit denen logische Zusammenhänge verdeutlicht werden, wenn etwa jemand etwas erklärt (z. B. Stellungnahmen in Interviews, „wissenschaftliche" Erklärungen zu Themen wie *global warming):*

   therefore, because, although, _____

   _____

   _____

   _____

3. Begriffe, mit denen Zustimmung ausgedrückt wird, etwa in einer Diskussion oder einem Streitgespräch:

   _____

   _____

   _____

   _____

4. Begriffe, mit denen Ablehnung ausgedrückt wird:

_____

_____

_____

_____

Diese Begriffe werden dir auch später sehr nützlich sein, wenn es darum geht, dass du eigene Texte verfassen sollst (Kapitel A4 „Schreiben"). Daher lohnt sich der Aufwand, dir solche *signal words* genau einzuprägen, in doppelter Hinsicht: Du kannst den Inhalt von Hörverstehenstexten (und natürlich auch Leseverstehenstexten) zumindest zum Teil erschließen – und du kannst strukturierte Texte selbst produzieren.

3.4 Wie kannst du trainieren?

In der Aufgabenstellung wird dir nicht gesagt, um welche Art des Hörverstehens es geht. Deshalb ist es umso wichtiger, dass du **vor** dem Hören die Aufgabenstellung genau durchliest. Wenn du dir dabei überlegst, um welche Form des Hörverstehens es geht, und du die in diesem Kapitel vorgestellten Hilfen konsequent anwendest, wirst du die in Teil B vorgestellten Hörverstehensaufgaben sicher besser lösen können.
Du musst dir aber auch selbst helfen! Denn eines kann dieses Buch dir nicht vermitteln: das Gefühl für die englische Sprache und deren Klang. Dieses Gefühl kann nur entstehen, wenn du häufig mit der Sprache in Kontakt bist.
Das ist auch eigentlich gar nicht so schwer: Du musst es nur tun!

Einige Beispiele:
1. Wenn du Musik magst, warum stellst du nicht einfach einen englischsprachigen Sender ein und hörst bei den Ansagen und Beiträgen zwischen den Songs etwas bewusster hin? Du wirst sicher „global" verstehen, worum es geht.
2. Sieh dir die Nachrichten auf einem deutschen Sender an, damit du eine Vorstellung von den Themen des Tages bekommst. Anschließend verfolge die *news* auf einem englischsprachigen Sender und versuche, herauszufinden, ob du die Themen wiedererkennen kannst – global – und vielleicht auch ein wenig detaillierter.
3. Höre bewusst auf den Wetterbericht im englischsprachigen Radio oder Fernsehen. Stell dir vorher selbst eine Aufgabe wie etwa: Ich möchte wissen, wie die Temperaturen morgen in London (New York) sind.
4. Schau dir einen Film, den du recht gut kennst, doch einmal auf Englisch an (zumindest in Teilen). Oder lass den Film laufen, schalte das Bild ab, schalte auf schnellen Vorlauf, halte an einer beliebigen Stelle an und versuche, herauszuhören, an welcher Stelle des Films du bist und wer gerade mit wem worüber spricht.
5. Es gibt auch im Internet unzählige Quellen für Hörtexte: Blogs, Internetradiosender, Filmchen auf YouTube usw., die du bewusst aufrufen, ansehen und anhören kannst.
6. Speziell für Englischlerner werden auf einer Reihe von Websites *listening comprehension*-Beispiele angeboten, zum Teil sogar mit dazugehörigen Aufgabenstellungen. Einige der Hörbeispiele in diesem Buch stammen von solchen Websites. Einige Beispiele:
   www.esl-lab.com
   www.learnenglishfeelgood.com/eslvideo
   www.elllo.org
   Klick mal rein! Auch wenn die Aufgaben nicht immer so sind wie für die ZP 10 vorgesehen – bei deinem Hörverstehenstraining sind die Beispiele sicher hilfreich.

4 Schreiben in der ZP 10

Nach der Überprüfung deiner Fähigkeiten in den Bereichen Hör- und Leseverstehen musst du in diesem Teil selbst Texte schreiben. Dabei bezieht sich das, was du schreiben sollst, auf einen Text, den du vorher lesen und verstehen musst. Darauf wirst du durch eine Wortschatzaufgabe, die in der Regel vor dem Text steht, vorbereitet. Es ist wichtig, sehr sorgfältig zu lesen, denn erst dann kannst du einen sinnvollen Text verfassen. Hier sind also die Arbeitstechniken zum Leseverstehen notwendig.

Texte sinnvoll aufbauen

4.1 Einleitungssatz

Immer wenn du über einen Zeitungsartikel, einen Text aus einem Sachbuch oder einen Ausschnitt aus einem fiktionalen Text (Roman, Kurzgeschichte, Theaterstück oder Gedicht) schreiben sollst, ist es sinnvoll, mit einem Einleitungssatz zu beginnen. Darin gibst du an, um welche Textsorte es sich handelt, welchen Titel der Text hat, wer ihn geschrieben hat, wo und wann er veröffentlicht wurde und worum es in diesem Text geht (ganz allgemein, ohne Einzelheiten). Die entsprechenden Angaben findest du vor oder nach dem Text auf der gleichen Seite. Nur der letzte Punkt – wenn du schreibst, worum es geht – erfordert von dir ein allgemeines Textverstehen. Natürlich hilft hier oft auch schon der Titel, vor allem, wenn es sich um einen Sachtext handelt. Schau dir noch einmal den Tipp im Kapitel A 2.1 „Arbeitstechnik: Vorwissen aktivieren" auf Seite 10 an. Beantworte die Fragen und lies den Text einmal. Nun kannst du einen sinnvollen Einleitungssatz schreiben. Ein solcher Einleitungssatz hat viele Vorteile: Zum einen wissen die Leser sofort, worum es in dem Text geht. Wichtiger für dich ist jedoch, dass du die „Bausteine" für einen solchen Einleitungssatz auswendig lernen kannst und nur die jeweiligen Daten (Titel, Autor usw.) entsprechend einsetzen musst. Du musst also keine Zeit aufwenden, um zu überlegen, wie du deinen Text beginnen sollst. Hier findest du die „Bausteine" noch einmal in einer Checkliste:

CHECKLISTE

1. **Textsorte:** Sie wird in den Prüfungsmaterialien angegeben, z. B. *newspaper article, information leaflet, advertisement, encyclopedia entry, letter (to the editor), (short) story, novel, poem, song.*
2. **Titel:** Den Titel kannst du wörtlich aus den Materialien zitieren. Dazu verwendest du Anführungszeichen. Denk daran, dass im Englischen die Anführungszeichen immer oben stehen: "…"
3. **Autor/in:** Auch er oder sie wird in der Regel in den Materialien genannt. Um den Namen in deinen Einleitungssatz einzufügen, benutzt du die Präposition „by" oder den Ausdruck „written by". Ist der Name nicht genannt, z. B. bei einem Lexikoneintrag oder einem Werbetext, musst du ihn auch nicht angeben.
4. **Quelle:** Auch diese wird immer in den Materialien zu finden sein, also z. B. der Name der Zeitung (z. B. *The Daily Telegraph, The New York Times*) oder der Enzyklopädie *(Wikipedia, Encyclopaedia Britannica* usw.). Bei Texten wie einer Kurzgeschichte, einem Gedicht oder einem Song ist die Quelle nicht notwendig, du brauchst sie nicht zu nennen.
5. **Datum der Veröffentlichung:** Bei einem Zeitungsartikel wird der Tag der Veröffentlichung genannt (z. B. 17th August 2022), ansonsten das Jahr. Bei Lexikoneinträgen ist normalerweise auch das Jahr nicht angegeben.
6. **Thema:** Worum es geht, musst du, wie schon gesagt, selbst herausfinden.

TIPP Einleitungssatz

Beginne deinen Text mit einem Einleitungssatz, dessen Grundmuster du auswendig gelernt hast.

Du solltest nun folgendes Satzmuster auswendig lernen (einschließlich der korrekten Schreibweise):

> The newspaper article/song/... "..." [title] by ... [author's name], published in ... [name of news-paper] on ... [date of publication]/in ... [year of publication], deals with/is about/describes ... [topic of text].

Wenn dir das zu abstrakt zum Lernen aussieht, kannst du dir die folgenden konkreten Beispiele einprägen:

> The newspaper article "Empty, unlet and unloved: the new British high street" by Esther Addley, published in *The Guardian* on 25th July 2009, deals with the development of town centres in Britain.

> The short story "The Garden Party", written by Katherine Mansfield and originally published in 1922, is about social inequality in early 20th-century society.

INFO zur Aufgabenstellung

Das Schreiben wird kombiniert in drei Teilaufgaben geprüft:

1. Textverständnis
2. Textbearbeitung
3. Textproduktion

4.2 Gemäß Aufgabenstellung schreiben

Auch beim Schreiben musst du genau darauf achten, wie die Aufgabenstellung lautet. Es werden dir in der Prüfung wahrscheinlich drei unterschiedliche Schreibaufgaben gestellt.

Erste Aufgabe:

Die erste Aufgabe überprüft dein Textverständnis. Du sollst hier etwas beschreiben *(describe)*, eine Entwicklung oder Meinung darstellen *(point out)* oder den Text oder Teile des Textes zusammenfassen *(sum up)*. Beim Beschreiben oder Darstellen geht es darum, die Textpassagen zu entdecken, in denen sich die notwendigen Informationen befinden.

Blättere noch einmal zum Text „London's dark waters – the River Thames" in Teil A 2.2 zurück (S. 18) und stelle dir dazu diese Prüfungsaufgabe vor:

> What does the River Thames tell us about London's past?

Auch, wenn das Wort „describe" nicht in der Frage auftaucht, so ist doch klar, dass hier etwas dargestellt und beschrieben werden soll, nämlich das, was der erste Satz des Artikels ankündigt. Er teilt dem Leser mit, worum es im Folgenden gehen soll: die Vergangenheit Londons in Verbindung mit der Themse. Sachtexte werden häufig auf diese Weise eingeleitet, um dem Leser sogleich eine Orientierung zu geben. Auch die Beispiele im ersten Absatz (Z. 2 Tudors, Z. 3 Victorians) bereiten auf die noch folgenden Beschreibungen vor. Da der Text recht einfach aufgebaut ist, kannst du dich von den Zeitangaben zur Vergangenheit leiten lassen (natürlich außerhalb des Einleitungsabschnittes). Diese markierst du am besten im Text. – Das solltest du jetzt tun, bevor du weiter liest.

Diesen Zeitangaben kannst du nun (z. B. in einer Tabelle) die entsprechenden Ereignisse zuordnen: Beginne mit dem Einleitungssatz.

in the year 50 AD	Romans founded London, they thought the river would make trade possible
between 1400 and 1900	mini ice age – river froze over 23 times
1536	Henry VIII went sleigh riding on the river
1566 (thirty years later)	Elizabeth I took walks on the river
in 1666	Great Fire destroyed houses, people escaped on the river
less than two centuries later (1858)	"Great Stink" – people died of disease from the dirty water
in the 17th and 18th centuries	criminals were hanged at the banks of the river; the river got its own police force

Diese Tabelle zeigt dir, dass es sich bei den Angaben zu 1536 und 1566 (thirty years later) um Beispiele aus dem Gesamtzeitraum 1400 bis 1900 handelt. Diese sollen verdeutlichen wie stark die Themse zugefroren war. Das eigentlich Wichtige ist natürlich die Tatsache des Zufrierens an sich.
Auf der Grundlage der Tabelle kannst du nun die Frage beantworten und einen kurzen Text schreiben.

LÖSUNGSHILFE

Beginne mit dem Einleitungssatz.
Versuche, in der Darstellung deine eigenen Worte zu benutzen. Dies wird jedoch nicht immer möglich sein. Es ist daher nicht schlimm, wenn du auch einzelne Begriffe des Textes verwendest. Keinesfalls solltest du aber ganze Sätze oder längere Wendungen des Originals benutzen.

> This exerpt of the historical informative travelage ~~written~~ published by the Spotlight-Verlag in Manich in May 2011 is about the history of the River thames and how that impacted ~~about~~ the ~~seety~~ people in London and the ~~finacial~~ and geopolitical situation of the world
>
> In london's dark water the River Thames

Wenn es darum geht, etwas zusammenzufassen, z. B. was eine Person sagt oder was in einer Situation geschieht, sollst du das, was du gelesen hast, auf das Wesentliche reduzieren. Einzelheiten, Beispiele, längere Erklärungen usw. bleiben dann weg. So könnte beispielsweise die Handlung des Textes im Kapitel „Training A 2.3" (S. 25) in einem Satz zusammengefasst werden:

> A boy is woken up by his mother from a bad nightmare, in which he dreamt of somebody with a knife coming into his bedroom.

Zweite Aufgabe:

In der zweiten Aufgabe sollst du erklären *(explain)*, analysieren *(analyse)*, vergleichen *(compare)*, und du sollst in der Regel das, was du schreibst, begründen *(give reasons)* oder aus dem Text belegen *(give evidence from the text)*. Dies erfordert ein genaues Lesen der Textvorlage, denn du musst dich hier beispielsweise in eine Person oder eine Situation „hineindenken". Du kannst dann z. B.

– Gefühle erklären, die die Person hat: Woher kommen diese Gefühle? Wie entwickeln sie sich in der Geschichte?
– Argumente nachvollziehen und einschätzen, die eine Rolle spielen: Welche Argumente sprechen für, welche gegen etwas? Welche sind überzeugender? Warum?

Dritte Aufgabe:

Bei der dritten Aufgabe kannst du in der Regel zwischen zwei Möglichkeiten wählen. Das erkennst du an folgenden Erläuterungen zu der Aufgabenstellung: „You have a choice here." oder „Choose one of the following tasks."

Es geht darum, zu einem Thema, das aus dem gelesenen Text hervorgeht, einen eigenen, neuen Text zu schreiben. Dieser von dir zu schreibende Text kann z. B. ein Brief (oder Leserbrief) sein, eine E-Mail, ein Lebenslauf, ein Bewerbungsschreiben, ein Teil einer Geschichte oder auch ein Dialog. Es ist jedenfalls ein Textsorte, die du aus deinem Alltagsleben kennst und die du sicherlich auch im Englischunterricht schon geschrieben hast. Vergegenwärtige dir also noch einmal, wie z. B. ein englischer Brief aussieht, welche Elemente ein Lebenslauf enthält oder was wichtig für ein Bewerbungsschreiben ist. Die wichtigsten Aspekte sind hier zusammengestellt.

INFO

Einen Brief schreiben
Brief *(letter):*
Man unterscheidet zwischen geschäftlichen und persönlichen Briefen. Die Form des Geschäftsbriefes stimmt mit der des Bewerbungsschreibens überein (mit anderer inhaltlicher Füllung natürlich). Persönliche Briefe weichen davon ab: Die Adresse der Person, an die der Brief gerichtet ist, steht nur auf dem Briefumschlag und wird im Briefkopf nicht wiederholt. Sodann redet man den Adressaten in aller Regel mit dem Vornamen an *(Dear John)*. Kurzformen *(I'm, we'll)* und andere umgangssprachliche Elemente sind möglich. Am Ende steht
– bei engen Freunden und Familienangehörigen: *Love / Lots of love (from)*
– bei anderen: *Best wishes / All the best / Have a good time.*

E-Mail *(e-mail):*
E-Mails kannst du wie Briefe behandeln: Auch hier gibt es geschäftliche Mails, die strengere Regeln haben, und persönliche, die du ziemlich frei handhaben kannst.

Folgende Formulierungen sind in Briefen nützlich:

in Geschäftsbriefen:	in persönlichen Briefen:
Thank you for your letter/e-mail of 5 May concerning …	Thank you (so much) for your letter/e-mail.
I am writing to inform you that/inquire about …	Great to hear from you.
Thank you for …	It would be nice to …
I look forward to hearing from you soon.	I'd love to …
	I just wanted to ask you if …
	Say hello/hi to Jenny from me.
	Hope to hear from you soon.

INFO

Einen Lebenslauf *(CV = curriculum vitae)* schreiben
Wichtig sind zunächst die persönlichen Angaben des Schreibers *(name, address, telephone number, e-mail, nationality, date of birth).* Du solltest also die englischen Wörter für Nationalitäten kennen (German, English, American, French usw.) und auch wissen, wie ein **Datum** im Englischen geschrieben wird (z. B. 25 August 2022).

Es folgen **Angaben zur Persönlichkeit** *(profile),* also zu beruflichen Interessen, Fähigkeiten, eventuell charakterlichen Eigenschaften und möglicherweise sonstigen Interessen und Hobbys.
Dann sind noch **Angaben zur Ausbildung** *(education)* und – soweit vorhanden – zum bisherigen **beruflichen Werdegang** *(employment oder work experience)* erforderlich.

Eine Bewerbung *(application)* schreiben
Rechts oben steht wie in jedem geschäftlichen Brief die Adresse des Absenders (ohne den Namen!). Darunter steht in der Regel das Datum (Form s. o.). Auf die linke Seite, eventuell etwas tiefer, schreibt man die Adresse des- oder derjenigen, an den/die sich die Bewerbung richtet. Nach diesen formalen Elementen folgt das eigentliche Anschreiben. Die Person, an die man schreibt, wird entweder mit Namen *(Dear Mr/Mrs/Miss/Ms Smith)* oder, wenn man den Namen nicht kennt, mit *Dear Sir or Madam* angeredet.
Es folgen:
– die Bewerbung *(I am writing to apply for)* für eine bestimmte Stelle *(post, position)* und Angaben darüber, wie man von dieser Stelle erfahren hat (z. B. *advertised in The Guardian of 3 September;* oder *advertised on your website* etc.),
– eine kurze Beschreibung der relevanten Qualifikationen und Erfahrungen, die man mitbringt *(While I was working at …)*
– eine kurze Erklärung, warum man an der Stelle interessiert ist *(This post interests me because …),*
– Angaben, wie und/oder wann man zu erreichen ist (z. B. *I can arrange to attend an interview any afternoon),*
– der Abschluss: z. B. *I look forward to hearing from you.*
– *Yours sincerely* (wenn man in der Anrede den Namen genannt hat) oder *Yours faithfully* (wenn man mit *Dear Sir or Madam* begonnen hat)
– Unterschrift + darunter den Namen in Druckschrift.
– Falls man etwas beifügt, z. B. den Lebenslauf, zeigt man das durch „*Encl. CV*" *(= enclosed)* an.

Achte zudem auf folgende Dinge: Benutze keine Kurzformen (also nicht *I'm writing,* sondern *I am writing)* und versuche, deinen Text durch sinnvolle Verbindungswörter flüssig zu gestalten (z. B. *so, because, since …).*

4.3 Zusammenhängend und gegliedert schreiben
Unabhängig von Art und Inhalt der Texte, die du schreibst, ist es immer wichtig und für deine Leser hilfreich, Sätze durch Verbindungswörter *(connectives)* zu verbinden, um den Handlungsablauf oder den Gedankengang zu verdeutlichen. Auch der Gebrauch von Nebensätzen kann dabei helfen. Ebenso nützlich ist es beim Lesen, wenn der Text in Abschnitte gegliedert ist, wenn man also als Leser oder Leserin weiß: Bei einem neuen Absatz beginnt etwas Neues.
Stelle dir vor, du sollst deine Meinung zu einem Film, den du kürzlich gesehen hast, in einem kurzen Artikel für eine Schülerzeitschrift schreiben. Ein Schüler hat den folgenden Artikel geschrieben:

I saw "..." [title of the film]. It was a difficult film. It was interesting. I liked it. The actors were nice. One of them was not a good actor. He always spoke in the same way. You could not see his feelings in his face. The story was interesting. Some scenes were a bit boring. The characters only talked. Nothing happened. Most of the time there was a lot of action. This was exciting. There were some surprises. There were some funny scenes. The audience in the cinema laughed a lot. Some funny scenes were exaggerated. This was not so good. The ending was funny. It was surprising. I liked this. It was an interesting film. Everybody should go and watch it.

Dieser Text erfüllt natürlich die Aufgabenstellung, da hier die Meinung zu einem Film ausgedrückt wird. Aber es ist dir sicher aufgefallen, dass er nicht flüssig lesbar ist, weil die Sätze alle sehr kurz und unverbunden sind und wie in einer Liste aufeinanderfolgen. Versuche nun, den Artikel zu verbessern, indem du z. B. zwei Sätze zu einem komplexen Satz (Haupt- und Nebensatz) zusammenfügst und möglichst viele Sätze durch Wörter verbindest, die den Gedankengang verdeutlichen. Dazu stellst du dir Fragen wie diese: Wird etwas begründet? Gibt es einen Gegensatz?
Wo ein neuer Aspekt erwähnt wird, beginnst du einen neuen Absatz.
Das Gerüst ist hier vorgegeben. Versuche passende Verbindungswörter einzusetzen. Wenn du Schwierigkeiten hast, hilft dir der Tipp auf dieser Seite!

TIPP

Probiere es mit diesen Wörtern:
also, (al)though, and, because, but, however, in general, in short, moreover, on the other hand, so, too, which

Last week I saw "...", which was a difficult film. _____ it _____ was also interesting _____ I liked it. _____ the actors were _____ nice, one _____ of them was not really a good actor _____ he always spoke in the same way _____ you could not see his _____ feelings in his face. _____ The story was interesting, _____ some scenes were a bit boring _____ _____ the characters only talked _____ nothing _____ happened. _____ most of the time there was a lot of action, _____ _____ was exciting. _____ there were some surprises _____ there _____ were some funny scenes. _____ the audience in the cinema laughed a lot. _____ _____ some funny scenes _____ were exaggerated, _____ was not so good. The ending was funny, _____ _____ It was _____ surprising, _____ _____ I liked. _____ _____ it was an interesting film, _____ everybody should _____ go and watch.

INFO Verbindungswörter

Folgende Verbindungswörter sind in Texten nützlich:

1. Wenn du Fakten, Meinungen etc. aufzählst:
   Firstly, secondly, … finally, oder: *To begin with, next, after that, …, in the end*
2. Wenn du einen weiteren Aspekt ergänzen willst:
   Moreover, In addition, also oder einfach *…, too.*
3. Wenn du einen Gegensatz oder auch eine Alternative einbringst:
   On the one hand, … on the other hand, … However, (al)though
4. Wenn du etwas begründest: …
   because oder (am Satzanfang)
   The reason is that …
5. Wenn du eine Folge/Konsequenz erwähnst:
   As a consequence/result …
6. Wenn du zum Schluss etwas zusammenfassen oder schlussfolgern willst:
   In short/general … To sum up, … To conclude, …

Weitere Verbindungswörter findest du auch unter den *signal words* in Kapitel A 3.3 (S. 30).

5 Wortschatzerweiterung – Wortfelder

Du wirst – vor allem bei den Schreibaufgaben – wahrscheinlich manchmal das Problem haben, dass dein Wortschatz nicht ausreicht, um dich so auszudrücken, wie du es gern tun würdest. Dein Wortschatz wird ja auch in einer gesonderten Prüfungsaufgabe überprüft. Es ist also in jedem Fall sinnvoll, darüber nachzudenken, wie du ihn gezielt erweitern kannst. Das heißt aber nicht, dass du dir etwa das Lehrbuch des aktuellen Schuljahres vornehmen und beginnen sollst, Vokabellisten zu „pauken". Es geht hier darum, überlegt und gezielt an den Stellen anzusetzen, die für die ZP wirklich von Bedeutung sind.

Wenn du dieses Buch bisher gründlich durchgearbeitet hast, dann hast du deine sprachlichen Möglichkeiten ja bereits an vielen Stellen erweitern können: Du weißt jetzt, wie du Wörter erschließen und ableiten kannst, und hast sicherlich auch deine Fähigkeiten verbessert, Texte zu verstehen und auch selbst zu schreiben. Du hast **Verbindungswörter** gelernt, die dir helfen, deine Gedanken miteinander zu verknüpfen und zu strukturieren.

Ein wenig anders verhält es sich beim thematischen Sprachmaterial, also bei den Vokabeln, die mit den Themen zu tun haben, auf die du in der ZP stoßen kannst. Hier ist eine gezielte Vorbereitung sicherlich schwieriger. Aber möglich ist sie doch.

Eine gute Möglichkeit ist das *mindwalking,* eine Technik, die dir helfen wird, dir zunächst bewusst zu machen, was du bereits kannst – aber eben auch, wo es Lücken gibt, die du dann auffüllen solltest.

Mindwalking ist eigentlich ein ganz einfaches Prinzip. Versuch es einmal am Beispiel des Raums, in dem du dich gerade aufhältst:

1. <u>Step 1:</u> Sit back, relax and have a look at the room you are sitting in: What can you see? What can you/ do you do in this room? How do you feel in different situations in this room?

Das könnte zum Beispiel folgendermaßen aussehen:

> I am sitting in my room at my desk. I am working on … On my desk there is/are … If I open my eyes, I can look out of the window, which is … On my **Fensterbank** there is/are … To the right of my desk … Behind me … I feel bored at the moment, because I don't really enjoy working for my exam. I **möchte lieber** switch on my computer and chat with my friends. …

Wenn dir nichts mehr einfällt, kannst du (im Kopf) den Raum auch ausweiten:

Now leave the room (in your head) and think of other rooms in the building. What can you see there? Who is there? What activities are people involved in?

Zum Beispiel:

> My sister is in the living room watching TV. **Die hat's gut. Da wäre ich auch lieber.** My dad is at work. He works as an electrician for a small **Firma** in … My mother …

2. <u>Step 2:</u> Um mit den Ergebnissen deines *mindwalk* weiterarbeiten zu können, solltest du deine Gedanken notieren. Die sinnvolle Methode dazu wäre, zunächst den Weg, den du im Kopf zurückgelegt hast, in eine Karte, eine *map,* zu übertragen, also aus dem *mind-**walk*** eine *mind-**map*** zu erstellen.

In unserem Beispiel könnte diese darin bestehen, dass du eine grobe Skizze deines Zimmers anfertigst und die Begriffe, die dir eingefallen sind, in die Skizze schreibst. Wenn du den Raum verlassen hast, kannst du dies einfach durch Pfeile andeuten und das, woran du gedacht hast, dort notieren. Es entsteht so ein Abbild dessen, was in deinem *mind* vorgegangen ist, als du dich mit diesem Thema beschäftigt hast.

3. Step 3: Deine *mindmap* hat natürlich Lücken, denn dein *mindwalk* konnte nicht immer in englischer Sprache stattfinden. Du bist über einige Teile „gestolpert" (im Beispiel in *step 1* sind sie **fett** markiert).

Diese solltest du jetzt im Wörterbuch nachschlagen und in die *map* eintragen. Weil dein Gehirn diese Begriffe automatisch in Verbindung mit dem Weg abspeichert, den du im Kopf zurückgelegt hast, besteht eine große Chance, dass du sie auch behältst. Hinzu kommt, dass deine Skizze über deine Augen automatisch als Bild in deinem Gehirn abgespeichert wird, sodass dieses nun eine weitere Möglichkeit erhält, die neuen Wörter auch dauerhaft zu behalten.

4. Step 4: Du kannst deinem Gehirn auch weiter dabei helfen, die neue Sprache zu behalten. Zu jeder Karte gehört ja auch eine „Legende", ein *key.* Dort wird erklärt, was sich auf der Karte befindet. In unserem Beispiel hast du wahrscheinlich an Dinge, Räume, Personen, Aktivitäten und Gefühle oder Stimmungen gedacht. Also könnte deine Mindmap auch unter diesen Oberbegriffen geordnet werden und es entstünde eine Tabelle wie z. B.:

rooms	objects	people	activities	feelings
my room	desk	myself	study	feel bored
living room	chair	my father	watch TV	I'd rather
bedroom	window sill	my sister	chat	relaxed
...	...	my mother	...	...
...	...	...	...	...

5. Step 5: Beim Erstellen eines solchen *key* fallen dir bestimmt noch weitere Begriffe und Redewendungen ein, die du in die Tabelle eintragen kannst. Damit erweiterst du natürlich auch deine Mindmap. Solltest du an einem der folgenden Tage noch einmal auf einen *mindwalk* gehen, dann wird dieser sicherlich anders aussehen und dir wird viel mehr einfallen.

INFO Wortschatz erweitern

Step 1: Go on a **mindwalk.**
Step 2: Make a **mindmap.**
Step 3: **Complete** your mindmap.
Step 4: Write a **key**.
Step 5: **Use** the key.

TIPP regelmäßige *mindwalks*

Versuche, solche *mindwalks* regelmäßig durchzuführen.
Gehe etwa auf Englisch zur Schule oder zu deinen Freunden. Beispiel: *I have just left my house and I am walking on the* **Bürgersteig** *to … On the other side of the street there is a man with a dog and a woman with a* **Kinderwagen** *… Now I'm at the* **Kreuzung** …
An der Bushaltestelle: *I am standing at the bus stop waiting for the bus to school. The bus is late. It is still dark and it's* **Nieselwetter** *and I'm tired and bored. My first lesson at school is … and I hate … After that it's going to be … which is not so bad …*
Du kannst auch abends im Bett kurz vor dem Einschlafen deinen Tag auf Englisch „nach-denken", z. B.: *What have I done today? What was good, bad about my day? How did I feel …* – oder auch den folgenden Tag „vor-denken": *What are my plans for tomorrow? In the morning/afternoon/evening …*
Und so weiter. Probiere es einfach aus. Schlüpfe, wann immer du Gelegenheit dazu hast, in die englische Sprache. Du wirst überrascht sein, wie viel du kannst – und manchmal auch, dass dir einfache Wendungen fehlen. Wenn du diese später im Wörterbuch nachschlägst (Was heißt eigentlich „Bürgersteig" – und was war da noch? Ach ja, „Kinderwagen"), ordnet sie dein Gehirn automatisch zu und du wirst deinen Wortschatz auf diese Weise nach und nach erweitern, ohne mühselige „Vokabellernsitzungen".

Wenn du dieses Grundprinzip beherrschst, kannst du es auch bei komplexeren Themen nutzen. Stell dir also vor, du sollst dich in einer Aufgabe mit der britischen Monarchie in der heutigen Zeit auseinandersetzen. Dazu brauchst du Vokabeln und Ausdrücke, mit denen du „pros and cons" darstellen kannst, aber auch einen spezifischen Wortschatz zum Thema.

Erprobe jetzt das Prinzip des mindwalk einmal selbst.

1. Begib dich auf einen mindwalk zu dem sehr britischen Thema „The King/Queen". Mögliche Fragen in diesem Zusammenhang wären: *Which countries are monarchies? What used to be the monarch's role in history? What is their job today? Why do we like kings/queens?*
   Du musst aber gar nicht systematisch vorgehen und diese Fragen beantworten, sondern kannst deinen Gedanken freien Lauf lassen.

2. Versuche jetzt (wenn dir nicht mehr viel einfällt) das, was dir durch den Kopf gegangen ist, zu notieren. Wenn du das in Form einer Mindmap tust, wirst du automatisch schon ein wenig Ordnung in deine Gedanken bringen. Das wird dir helfen, im vierten Schritt eine Struktur zu erstellen, also einen *key* zu deiner *map*.

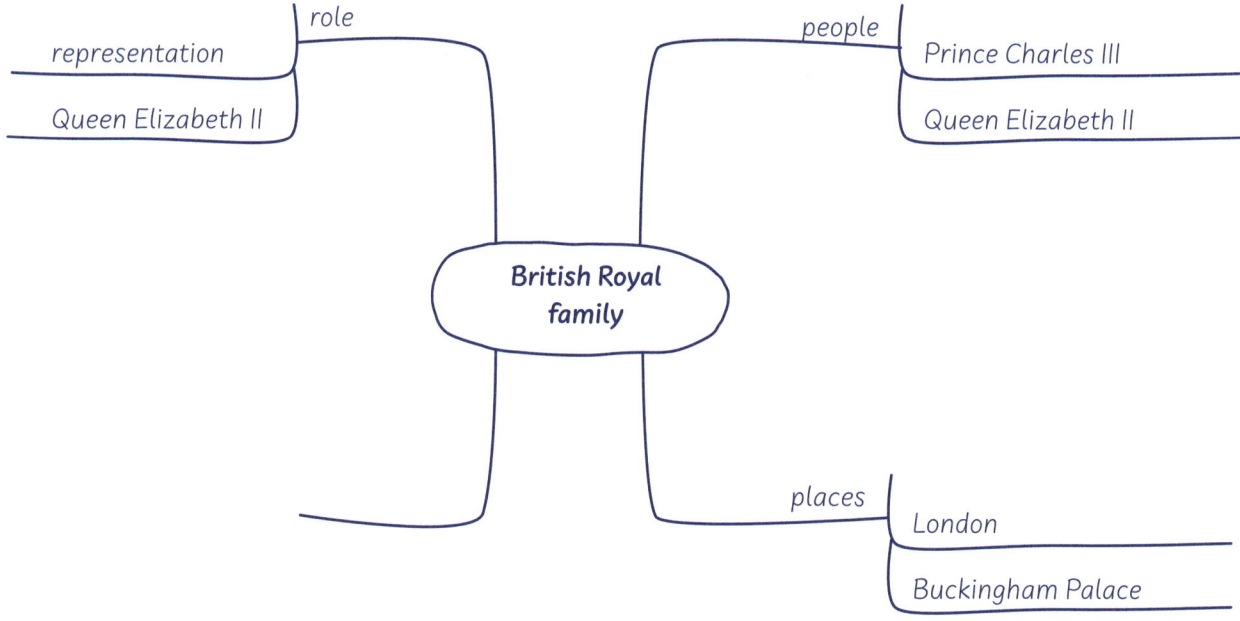

TIPP zu Mindmaps

Wenn du es dir etwas leichter machen willst, dann lade dir doch über das Internet die kostenlose Software **„FreeMind"** herunter. Das Programm ist einfach zu bedienen und du kannst damit leicht Mindmaps erstellen. Der Clou: Die Begriffe, die du in deine Mindmap schreibst, kannst du anschließend problemlos verschieben und neu anordnen. Damit bringst du leicht Ordnung in deine Mindmap und kannst so den vierten Schritt, das Erstellen geordneter Listen, erledigen, ohne Dinge mehrfach schreiben zu müssen. Du sparst dir viel Arbeit und Papier!

3. Jetzt schau dir deine Mindmap genauer an. Schlag zunächst die Wörter und Wendungen nach, die du nicht auf Englisch formulieren konntest.

Großbritannien ist eine parlamentarische Monarchie. In einer parlamentarischen Monarchie ist die Macht des Königs/der Königin durch das vom Volk gewählte Parlament beschränkt. Im Mai 2023 hat Prinz Charles die Krone von seiner verstorbenen Mutter, Königin Elisabeth, die 70 Jahre auf dem britischen Thron saß, geerbt. Hauptaufgabe eines Königs/einer Königin ist es, das Land zu repräsentieren. Zum „United Kingdom" (UK) gehören England, Wales, Schottland und Nordirland.

4. Versuche jetzt, die Elemente deiner Mindmap zu organisieren. Wie du dies tust, hängt natürlich von den Aspekten ab, die dir bei deinem *mindwalk* eingefallen sind – und ist zunächst auch eigentlich nicht so wichtig. Du kannst zum Beispiel die in Schritt 1 genannten Beispielfragen als Oberbegriffe nutzen, wenn dein *mindwalk* diesen Weg genommen hat. Dann sähe eine mögliche Tabelle etwa folgendermaßen aus:

British Royals

Who the British Royals are	Where they live	What they do

Noch sinnvoller wäre es wahrscheinlich, wenn du von einer gedachten Themenstellung ausgehst und annimmst, dass eine mögliche spätere Schreibaufgabe darin bestehen könnte, dass du dich zu den positiven und negatives Seiten äußern sollst, die es hat, wenn das Staatsoberhaupt des Landes ein König/eine Königin ist. Dann kannst du ja auch sofort nach diesen Kriterien sortieren. Versuche dies jetzt in folgender Tabelle:

Royals	
pros	cons

5. Jetzt solltest du deine Tabelle erweitern. Am besten funktioniert dies mit Hilfe weiterer englischsprachiger Informationen. Dazu hast du viele Möglichkeiten. Du kannst in deinem Lehrbuch nachschlagen, ob dieses Thema in irgendeiner *unit* behandelt wurde, und diese auswerten. Oder du suchst im Internet nach Artikeln zu diesem Thema (natürlich in englischer Sprache!). Du wirst dort sicherlich etwas finden und kannst mit den Ausdrücken und Redewendungen, die dort benutzt werden, leicht deine Tabelle ergänzen.

TIPP zur Recherche

Ein guter Ausgangspunkt sind freie Nachschlagewerke im Internet, wie z. B. Wikipedia. Dort findest du zu nahezu jedem Thema einen Eintrag, der für deine Zwecke viele nützliche Begriffe enthält!
Auch andere Webseiten kannst du nutzen. Allerdings kann es passieren, dass du auf inhaltlich oder sprachlich wenig vertrauenswürdige Quellen stößt. Achte also ein wenig auf die Adresse (kommt die Website aus dem englischsprachigen Raum, etwa einer bekannten Zeitschrift, einer Zeitung oder einer Universität bzw. Institution?). Beiträge etwa aus deutschen Quellen, insbesondere aus Schulen, solltest du meiden, da sie nicht immer sprachlich korrekt sind. Falls du unsicher bist, suche dir Hilfe. Die Texte, auf die du stößt, sind oft bereits untergliedert, sodass es für dich leichter wird, sie zu scannen und interessante Stellen zu markieren. Oft findest du dort auch Links zu weiteren Informationen und Medien.

Manche Texte sind recht lang oder besonders schwer zu verstehen. Das sollte dich nicht entmutigen, denn du musst nicht alles verstehen, sondern du sollst aus diesen Texten Ideen und sprachliche Mittel entnehmen, die zu dem passen, was du bereits hast. Du solltest also versuchen, solche Texte zu **scannen,** das heißt schnell zu überfliegen und dabei nur auf Stellen zu achten, die dir auf den ersten Blick interessant erscheinen. Wenn du diese Stellen beim scannen markierst, kannst du sie leicht in deine Tabelle übernehmen. Im Folgenden solltest du diese Technik einmal ausprobieren.

Gehen wir hier zur Übung davon aus, dass dir zum Thema *King/Queen* einige Punkte eingefallen sind, etwa was du über die britischen *Royals* alles schon aus dem Unterricht oder der Presse weißt. Wahrscheinlich hast du diese Punkte in der obigen Tabelle eher bei den Vorteilen, den *pros,* notiert. Zu der rechten Spalte, den Nachteilen, ist dir vielleicht spontan gar nicht so viel eingefallen. Du benötigst also zusätzliche Informationen.

Wenn du jetzt den TIPP befolgst und im Internet nach Artikeln zu *British Royal Family* suchst, findest du eine Vielzahl von Einträgen unterschiedlicher Qualität, teils auch mit vielen schwer verständlichen politischen Informationen oder nicht sehr vertrauenswürdige und gehaltvolle Informationen aus der Regenbogenpresse (beschäftigt sich oftmals mit Nachrichten aus der Welt der Stars und des Adels). Du suchst jetzt aber eigentlich nach Argumenten und nach Sprache, die dir bei der Formulierung von Vorteilen und Nachteilen der British Royal Family/Monarchy helfen können. Eine Einschränkung der Suche nach *Monarchy – advantages/disadvantages* oder einfacher *pros/cons* hilft dir schon eher weiter. Du findest dann mit hoher Wahrscheinlichkeit eine Vielzahl von Artikeln zu diesem Thema. Wähle dann einen solchen Artikel aus.Wenn du solch einen Artikel jetzt scannst, kannst du die Aussagen zu *pros and cons* überfliegen und mit den Punkten, die du ja wahrscheinlich bereits gesammelt hast, abgleichen. Wahrscheinlich ist, dass dir noch ein oder mehrere Aspekte auffallen, an die du nicht gedacht hattest – und eventuell auch einige Formulierungen, die besser klingen als deine eigenen. Standen auf deiner *pro*-Liste schon ganz viele verschiedene Aspekte? Dann konzentriere dich jetzt auf die *con*-Seite. Bedenke aber, dass es manchmal auch nützlich und erforderlich ist, zwischen den Zeilen zu lesen. Denn was die einen als Vorteil ansehen, mag von anderen als Nachteil angesehen werden.

Hier ein Artikel zur Krönung des neuen Königs Charles' III., die im Mai 2023 stattfand, wie du wahrscheinlich weißt:

King Charles III's coronation:
What to know about plans for the centuries-old ceremony

He's been Britain's reigning monarch since September last year, but King Charles III and his Queen Consort, Camilla, will be formally crowned this spring in a coronation ceremony steeped in centuries of tradition – with a few small tweaks[1] expected for the modern age. Below is a look at what we know so far about the ceremony being planned by Buckingham Palace:

When will King Charles be crowned?

King Charles III will officially be crowned on Saturday, May 6, alongside Camilla. The date was agreed upon by the U.K. government, the Church of England and the royal household.

To celebrate, people in the U.K. will be given a public holiday, though because the coronation will take place on a Saturday, the national holiday will be on Monday, May 8. 5

Celebratory lunches will be held across the U.K. and other Commonwealth countries that weekend, and on May 7, a concert will be performed at Windsor Castle. 10

Where will the coronation take place?

The coronation will take place at Westminster Abbey, where the ceremony has been held for the last 900 years. It will be conducted[2] by the Archbishop of Canterbury, Justin Welby.

King Charles and Camilla will travel to Westminster Abbey from Buckingham 15 Palace as part of „The King's Procession." After the service, they will return to Buckingham Palace in another procession, this time joined by other members of the royal family, known as „The Coronation Procession."

Once they arrive at Buckingham Palace, the senior members of the royal family will make an appearance on the balcony. 20

What happens during the coronation?

Coronation ceremonies came out of an historic need to bring stability to European monarchies amid competing claims to their thrones, as well as traditions of church involvement in the state. They do not take place immediately after the death of the previous monarch to allow time for the country to 25 grieve. The ceremony is largely religious, and it does not bring King Charles any further privileges as the monarch, which he has been since the moment his mother died.

British coronations involve an Anglican Church service.

Once inside the Abbey, traditionally the events take place as follows: the 30 Recognition, the Coronation Oath, the Anointing, the Investiture and the Enthronement and Homage.

During the Recognition, the monarch is presented to the people in attendance[3]. During the coronation of Queen Elizabeth II, Charles' mother, in 1953,
35 trumpets sounded after she was presented to each side of the abbey, and people exclaimed "God save the Queen."

The only part of the coronation ceremony that is required by law is the Coronation Oath. The exact wording of the oath has varied over the centuries. Queen Elizabeth II swore to rule the U.K. and Commonwealth countries according
40 to law, exercise justice with mercy and maintain the Church of England. It is expected that King Charles' oath will be similar, though he is expected to recognize all faiths.

After the oath, Charles is expected to be anointed[4] with holy oil by the Archbishop of Canterbury, who will pour the oil onto a spoon and anoint Charles'
45 hands, head and breast. Then, Charles will be given the royal robe, the orb, the coronation ring, the sceptre and the rod of his position. St. Edward's Crown will be placed on his head.

After King Charles is crowned, his Queen Consort, Camilla, will be crowned, before the final procession back to Buckingham Palace.

50 **Who pays for the coronation?**

The coronation is paid for by the U.K. government because it is a state event.

Annotations:

1 **tweak:** (here) make changes

2 **to conduct:** to lead

3 **people in attendance:** people who are at the ceremony

4 **to be anointed with:** mit etwas gesalbt werden

Source: https://www.cbsnews.com/news/king-charles-iii-coronation-what-to-know-plans-ceremony/

Wenn du dich an den Überschriften der einzelnen Abschnitte orientierst, gelangst du schnell an Stellen, die mit deinem eigentlichen Thema zu tun haben und dir weiterhelfen können. Von einem langen Artikel bleiben dann wie in diesem Beispiel nur ein paar Abschnitte übrig. Schau die übrig gebliebenen Abschnitte nun ein wenig genauer an und markiere (am besten mit einem Textmarker) Stellen, die dir hilfreich erscheinen. Verwende nicht allzu viel Zeit auf Dinge, die du nicht genau verstehst, beschränke dich zunächst auf Stellen, die du auf den ersten Blick als relevant für deine Suche erkennst.

Die Überschrift (*„coronation – centuries-old ceremony"*) wäre dir vielleicht deshalb als interessant erschienen, weil du beim Überfliegen verstanden hast, dass es dabei um eine traditionelle, seit Jahrhunderten praktizierte, feierliche Zeremonie geht. Du wusstest wahrscheinlich zwar bereits, dass der neue König Charles der Sohn von Queen Elizabeth II. ist. Aber wusstest Du, dass es eine offizielle Krönungszeremonie gibt? Und wusstest du auch das Wort für Krönung? Jetzt kannst du coronation in deine Tabelle übernehmen und du findest in dem Abschnitt auch bestimmt die eine oder andere Formulierung, die du in einem Text benutzen könntest, wie z. B. *„the coronation of the new British King makes some people say monarchy is an unnecessary old fashioned institution ..."* oder *„the Royal Family costs the tax payers a fortune ... "* oder *„The coronation ceremony is an event celebrated by the British because they love their Royals ... ".*

Bei den Unterüberschriften *„What happens during the coronation"* sowie *„Who pays for the coronation"* findest du sicher auch Ideen und Formulierungen.

TIPP

Denke auch gerne einen Schritt weiter. So zahlen zum Beispiel die Steuerzahler für die imposante Krönungszeremonie. Wäre das ein Punkt für deine Kontra-Liste? Oder schreibst du diesen Punkt auf deine Pro-Liste? Ein solches Großereignis bringt viel Aufmerksamkeit aus der ganzen Welt und kurbelt die Wirtschaft an – nicht nur durch den Verkauf von Fanartikeln.

Auch die Einleitung sowie die ersten Abschnitte des Textes sind sicherlich nicht unwesentlich. Wenn du jedoch meinst, sie seien aus deiner Sicht nicht so relevant, dann ignoriere sie einfach. Es geht ja nicht darum, alle denkbaren Aspekte ausnahmslos zu berücksichtigen, sondern darum, die sprachlichen Mittel zur Formulierung deiner Position zu dem Thema zu erweitern.

Deine Tabelle sieht jetzt sicherlich bereits ganz anders aus als nach deinem Mindwalk. Dieser hatte dir dabei geholfen, das abzurufen, was du in englischer Sprache zu diesem Thema wusstest und ausdrücken konntest. Aber das waren eben auch nur deine Kenntnisse und sprachlichen Möglichkeiten. Wenn du dir etwas ansiehst, was eine andere Person zu dem Thema gedacht und aufgeschrieben hat, dann ist es sehr wahrscheinlich, dass du neue Aspekte findest. Wenn diese Person dann auch noch über deutlich mehr sprachliche Mittel verfügt als du, dann ist es sicher, dass du dort auch Ideen und Hilfen für deine eigenen Formulierungen findest, ohne dass du mühsam einzelne Begriffe im Wörterbuch nachschlagen musst (und oft immer noch nicht sicher sein kannst, wie du diese dann in einem Satz verwenden kannst). Du schlägst also mehrere Fliegen mit einer Klappe!

In den Hilfen zur Auswertung im Anschluss an die Beispieltests wirst du Übungen finden, die auf dem Prinzip basieren, das du hier kennengelernt hast. Du wirst feststellen, dass dir in den Aufgabenstellungen und den Lesetexten Vieles angeboten wird, das dir bei der Erweiterung deiner sprachlichen Möglichkeiten hilft. Du musst es nur bewusst und intelligent nutzen. Wenn du zu einem Bereich mehr tun willst (oder auch musst, weil dir selbst dazu nicht viel eingefallen ist), dann hast du hier einen Weg kennengelernt, der dir sicher helfen wird.

Teil B Tests

Nun kann es also losgehen. In diesem Kapitel findest du insgesamt fünf Tests, mit denen du für die ZP trainieren kannst. Die ersten drei davon sind mit Erläuterungen versehen, die dir bei der Lösung helfen werden. Der Anspruch wird ständig zunehmen (also werden auch immer weniger Hilfen gegeben), sodass du den vierten Beispieltest schließlich selbstständig lösen kannst.

Erst dann ist es entscheidend, dass du die vorgesehene Zeit von 120 Minuten auch wirklich einhältst. Bei den ersten Testbeispielen wirst du wegen der vielen Hilfen, Anmerkungen und Zwischenschritte sicherlich mehr Zeit benötigen, als dir bei der ZP zur Verfügung stehen wird. Das ist hier auch noch gar nicht schlimm, weil du dich ja erst an die Anforderungen gewöhnen sollst. Wichtiger ist es, dass du die Aufgaben ruhig und überlegt durcharbeitest. Dennoch solltest du dir auf jeden Fall angewöhnen, mit der Uhr zu arbeiten. Es kann sehr hilfreich sein, wenn du notierst, wann du mit welcher Aufgabe begonnen hast und wann du damit fertig geworden bist. Dann bekommst du nach und nach ein Gefühl dafür, wie viel Zeit du für jeden Teil benötigst bzw. später benötigen darfst, damit du rechtzeitig fertig wirst.

Bevor du mit dem ersten Test beginnst, schau dir noch einmal die Checkliste und die Bearbeitungshinweise aus Kapitel A 1.4 „Zum Aufbau dieses Buches" (S. 10) an. Zur Erinnerung:

CHECKLISTE für Test 1

1. Zeit Ich habe genug Zeit, um den Test an einem Stück durchzuarbeiten. Zeitvorgaben:		☐
Für die Hörverstehensaufgaben	20 Minuten	☐
Für die Leseverstehensaufgaben	20 Minuten	☐
Für Wortschatz	15 Minuten	☐
Schreiben	65 Minuten	☐
Puffer für Überarbeitung	(10 Minuten)	☐
2. Ort Ich kann hier voraussichtlich ungestört arbeiten.		☐
3. Arbeitsplatz		
– Uhr		☐
– Schreibmaterialien		☐
– für die Hörverstehensaufgaben einen Zugang zum Internet und zur Seite finaleonline.de		☐
– und **sonst nichts!**		☐

Angeleiteter Test 1 – School

Erster Prüfungsteil: Hörverstehen

Aufgabe 1: Hörverstehen Teil 1

Welcome to The Hayesbrook School

 **Track 4**

John and his parents have moved to Tonbridge. John, (17) has to go to a new school. Together with his parents he has made a checklist of things that are important for him in his new school.
You are going to hear some information about The Hayesbrook School in Tonbridge. Find out if that school is a good choice for John by marking the items on his checklist.

AUFGABEN

- First read John's checklist. You have two minutes to do this.
- Then listen to the text.
- Listen to the text twice.
- Decide whether the school is OK for John or not.
- Tick the correct box for each statement.

John's checklist:	yes	no
1. Will there be any girls in my class? _ab 16 Jahre_	☒	■
2. Has the school got modern facilities?	☒	☐
3. Does the school offer special classes for art?	☐	☒
4. (John has been learning Spanish for a while.) Does the school have an exchange programme with a partner school in Spain?	☒	☐
5. Can I wear jeans to school?	☐	☒
●. Is my gold earring a <u>problem</u>?	■	☒

Wenn du die Aufgabenstellung genau gelesen hast, dann weißt du, dass es hier um selektives Hörverstehen geht. Du erinnerst dich hoffentlich an die *three steps* (TIPP S. 24). Hast du sie angewendet? Deshalb musst du beim Hören auf folgende Punkte achten:

1 girls, 17: Es reicht nicht zu überlegen, ob Mädchen überhaupt erwähnt werden, du musst auch darauf achten, ob es Einschränkungen gibt, die mit der Klassenstufe und dem Alter zu tun haben.

2 school building, facilities, modern: Hier interessieren dich Aussagen zu Alter und Einrichtung der Schule.

3 special, art: Gibt es an der Schule irgendwelche Schwerpunkte und wenn ja, in welchen Fächern?

4 exchange, Spain: Gibt es Partnerschulen? Auch in Spanien?

5 dress code, school uniform, trousers: Gibt es Kleidungsvorschriften? Auch für die älteren Schüler?

6 earring, jewellery: Dürfen Schülerinnen und Schüler Schmuck tragen?

Achtung: In Punkt 5 will John wissen, ob er Jeans tragen darf – falls ja, wäre „yes" anzukreuzen. In Punkt 6 will er wissen, ob es Probleme mit seinem Ohrring gibt, also ob er diesen etwa nicht tragen darf. Wenn du herausfindest, dass Jungen Ohrringe tragen dürfen, gibt es also kein Problem für John und du müsstest „no" ankreuzen.

Aufgabe 2: Hörverstehen Teil 2

School subjects

 Track 5

You are going to hear five extracts from different classes at school. Find out which subject is being learned in each extract.

- First look at the list of subjects below. You have two minutes for this.
- Then listen to the five extracts.
- Choose the right subject for each extract.
- There is one more subject than you need.

subject	extract no.
Art	
English	
Geography	
History	
Home Economics	
Maths	

Die *three steps* machen dir deutlich, dass es hier um globales Hörverstehen geht und du deshalb nicht auf jedes Detail achten musst. Dir dürfte schnell klar sein, worum es geht. Ein Problem könntest du haben, wenn du ein Schulfach nicht kennst, so wie hier vielleicht „Home Economics". Falls du das aus dem Begriff heraus nicht erschließen kannst *(home* = „Heim" oder „Haus" in Verbindung mit *economics* = Ökonomie, also irgendetwas mit „Wirtschaft"), dann hast du ja noch die Möglichkeit, dass du aus dem Hörtext heraus auf die richtige Lösung kommst. Es bleiben nur zwei Fächer übrig, wenn du vier der Ausschnitte den dir bekannten Fächern zugeordnet hast – und du wirst wahrscheinlich erkennen, dass eines davon nicht in Frage kommt. Diese Strategie kann dir bei solchen *matching*-Aufgaben übrigens immer helfen.

Zweiter Prüfungsteil: Leseverstehen – Wortschatz – Schreiben

Aufgabe 3: Leseverstehen

In her diary, Charlene writes about the first days of her exchange visit to Germany.

AUFGABEN

• First read the text.
• Then do the tasks **1–7.**

Charlene's Diary

Monday, Sept. 4

Tomorrow is the big day. I'm all packed and ready to go. Suddenly, I'm not sure anymore whether I really want to go. I'm very nervous. What if my host family is not very nice? What if I don't understand them? What if I don't get on with Tina? What if the food is terrible? What if I miss home? I'd better go to sleep.

Tuesday, Sept. 5

Although I'm dead-tired, I can't sleep. The flight was OK. Once we got to Dortmund Central Station, we all got picked up by our host families. It all happened very quickly. Before I knew it, my suitcase was taken off my hands and stuffed into the boot of a big Mercedes. I didn't even have time to say goodbye to Lisa. Everyone was very quiet in the car and I was quite glad about it. After a short trip we arrived at the house. I couldn't believe my eyes. The house is very big and really cool. Everything is bigger, more modern and stylish than at home. I even have my own room!

Dinner was a bit strange: dark bread, lots of cheese and cold meat which they call "Wurst" and salad. Very healthy. They have their main meal at lunchtime. We had some "Gulasch" with dumplings and salad, of course. The meat was very nice but I wasn't too keen on the dumplings. Tina is alright. Her English is not brilliant but it's still much better than my German. Her dad doesn't say much but her mum is really nice and she speaks English pretty well. So I think I'm going to be fine as long as she is around. Tina's little brother Tristan is sweet but he keeps talking to me in German and I don't really understand him.

25 Tomorrow we are going to school. We have to get up at six o'clock! School starts at 7.30. What sort of time is that? We are going to school by bike. Tina said it's a fairly short ride, about a quarter of an hour. In the first lesson we are going to meet up to see how everyone is getting along with their host family. Lisa has already sent me a text message telling me that she's OK. I hope her host family doesn't live too far away from mine. I'll have to ask Tina.

30

Wednesday, Sept. 6

School is quite different here. Nobody wears school uniform, everything is more relaxed than at home. You can even eat and drink in some classes. I didn't really understand much in Tina's lessons but Art was OK. They were doing

35 some practical work and we could have a go as well. What I really liked was when we went to the English lesson of a Year 5 class. They asked us lots of questions which we had to answer. In the afternoon we met up in town and went shopping. I bought myself some cool clothes and a beer mug for dad. Lisa's partner Chrissie is a friend of Tina's, so we will be able to do quite a

40 few things together. That's great. Tonight we went ice-skating.

It was a lot of fun even though I was pretty rubbish at it. I met a cute German boy. His name is Alex. Tomorrow evening we are going to a dance – and he will be coming, too. I can't wait!

AUFGABEN

- For tasks **2, 4, 5, 6 and 7** decide if the statements are true or false and tick the correct box. Then finish these sentences. You can quote from the text
- For task **1** tick the correct box. Tick only one box for this task.
- For task **3** finish the information.

1 How does Charlene feel before she leaves for Germany?
a) She is afraid of the flight ☐
b) She feels homesick. ☐
c) She is worried because she doesn't know what to expect. ☐

2 Charlene's host family is wealthy.
a) true ☐
b) false ☐
because the text says

_____

3 Charlene has mixed feelings about the food in her host family.
How do we know? Give two examples from the text:

a) _____

b) _____

2 Charlene's German is better than Tina's English.
a) true ☐
b) false ☐
because the text says

_____

5 They go to school by bike because it is not very far.
a) true ☐
b) false ☐
because the text says

_____

6 Charlene buys a present for her father.
a) true ☐
b) false ☐
because the text says

_____

7 Charlene does not like ice-skating.
a) true ☐
b) false ☐
because the text says

_____

LÖSUNGSHILFEN

Dir ist sicher klar geworden, dass es hier um konkrete Informationen geht, die du im Text finden musst. Erinnere dich daran, was du im Kapitel „Leseverstehen" geübt hast.

1 Zunächst musst du den Tagebucheintrag finden, in dem es um den letzten Tag zu Hause geht. Es ist offensichtlich, dass es sich um den Montag (4.9.) handelt. Suche in diesem Eintrag, welche der drei angebotenen Aussagen zutrifft. Achte vor allem auf die Fragen, die sich ihr stellen.

2 Du wirst gesehen haben, dass nirgendwo im Text direkt steht, ob Tinas Familie eher reich oder eher arm ist. Suche nach Anzeichen für die finanzielle Situation. Sie fahren z. B. einen Mercedes und haben ein großes Haus. Was schließt du daraus?

3 Suche den Abschnitt, in dem es um das Essen geht. Sie benennt hier die Dinge, die es zu essen gibt. Das sind reine Sachinformationen. Suche nach Sätzen, in denen sich ihre Gefühle zeigen, wo es also nicht um präzise Sachaussagen geht oder wo sie von sich selbst schreibt.

4 Suche den Abschnitt, in dem es um die sprachlichen Fähigkeiten geht. Charlene vergleicht hier ihr Deutsch mit Tinas Englisch. Da steht die Lösung der Aufgabe direkt im Text.

5 Gehe wieder zur entsprechenden Textstelle und du wirst sehen, dass auch hier die Lösung genannt wird („a fairly short ride").

6 Der letzte Abschnitt beschreibt Charlenes Einkäufe. Ist etwas für ihren Vater dabei?

7 Es geht immer noch um den letzten Abschnitt. Charlene äußert sich hier auch zum Eislaufen. Es findet sich der Satz: "It was a lot of fun even though I was pretty rubbish at it." Er enthält eine positive und eine negative Aussage. Eine bezieht sich auf das Eislaufen und die andere auf sie selbst.

Aufgabe 4: themenbezogener Wortschatz

Every year lots of German pupils take part in school exchanges with English-speaking countries like Britain, the USA, Australia or Canada and stay with their host families for one or two weeks.

AUFGABEN

• Fill in or tick the correct box

1 In Britain you can _____ attend a comprehensive school _____ a grammar school.

2 When you move to Britain or the USA and go to school there you usually don't know what to
a) accept. ☐
b) expect. ☐
c) except. ☐
d) exact. ☐

3 You will wonder what a school building in another country will look
a) as. ☐
b) how. ☐
c) like. ☐
d) than. ☐

4 You will be afraid _____ will be difficult because you are not sure if you speak the language well enough.

5 In the USA or Britain there are not only normal lessons like in Germany but also a lot of _____ activities, often in the afternoon.

6 School in another country might be a special _____ .

7 Like in Germany _____ might be a problem because there are always students who like frightening or even hurting weaker students.

8 On the other hand students in another country might _____ differently from students in your own country.

LÖSUNGSHILFEN

In allen Fragen geht es um Wörter, die du sicher schon gelernt hast und wahrscheinlich alle kennst. Falls du dennoch einige vergessen haben solltest und nicht auf die erforderliche Anzahl kommst, helfen dir die folgenden Hinweise:

1 Hier musst du sehr genau lesen. Du siehst, dass zwei Wörter eingesetzt werden sollen, die irgendwie die Teile des Satzes miteinander in Beziehung setzen. Es geht um etwas, das man in Großbritannien tun kann („can"), und zwar werden zwei Möglichkeiten von Schule erwähnt („comprehensive school" und „grammar school"). Man kann entweder zu der einen oder zur anderen gehen. Du kennst sicher die Formulierung „either – or" im Englischen, um dieses „entweder – oder" auszudrücken.

2 Die hier vorgegebenen Wörter sind einander sehr ähnlich und können dich leicht verwirren. Das ist bei Aufgaben dieser Art häufig so. Es ist wichtig, alle Wörter genau anzuschauen und dann mit dem eigenen Wissen abzugleichen, welches hier eingesetzt werden kann.

Aufgrund des Satzbaus („what to …") ist klar, dass hier ein Verb folgen muss. Das bedeutet, du kannst die Antworten c) und d) ausschließen, da es sich hier nicht um Verben handelt („except" – Präposition; „exact" – Adjektiv. Beide gibt es zwar auch als Verben, diese gehören aber nicht zu dem Wortschatz, der von dir erwartet wird.). Bei a) und b) musst du die Bedeutung der beiden Verben kennen, um dich für die richtige Lösung („expect" = erwarten) entscheiden zu können. Eine Hilfe ist hier wieder über das Deutsche möglich: Die Bedeutung von „accept" lässt sich aus dem deutschen „akzeptieren" erschließen.

3 Alle diese kurzen Wörter können in unterschiedlichen Zusammenhängen gebraucht werden. Und alle können auch mit „look" zusammen verwendet werden. Also musst du zunächst den Sinn des Satzes herausfinden. Es fällt sicher nicht schwer zu erkennen, dass es hier darum geht, wie die Wohnung aussieht. Damit ist klar, die Lösung muss c) sein.

"Look as" kann nicht am Ende eines Satzes stehen, weil immer noch etwas folgen muss, z. B. „look as if/though" („aussehen, als ob …") oder „look as pretty as …" (im Vergleich mit etwas anderem).

Gleiches gilt für „look how", auch hier kann ein Satz in der Regel nicht enden, und die Bedeutung ist eine andere *(Look how beautiful this is.)*. Und auch bei „look out" stimmt die Bedeutung nicht. Es geht bei beiden nicht darum, wie etwas aussieht, sondern um schauen als aktive Tätigkeit.

4 Die Angst, von der die Rede ist, kannst du bestimmt gut nachvollziehen, vor allem, falls du noch nie allein in einer fremdsprachigen Umgebung warst. Welche Wörter fallen dir ein, um zu benennen, was hier als schwierig empfunden wird? Es gibt unterschiedliche Möglichkeiten, die Lücke zu füllen, z. B. *understanding* oder *talking (to each other)* oder einfach *communication* (vgl. deutsch „Kommunikation"). Bei solchen Aufgaben geht es nicht darum, ein bestimmtes Wort einzusetzen. Alles, was sinnvoll ist, ist richtig.

5 Bei diesem Satz musst du auf dein Wissen über Schule in Großbritannien oder den USA zurückgreifen. Du hast wahrscheinlich im Unterricht gelernt, dass Schule in diesen Ländern meist eine Ganztagsschule ist und dass es neben den Fächern Aktivitäten gibt wie z. B. *drama club, photography, cheerleading* etc. Den Begriff „extra-curricular activities" kennst du dann auch.

6 Hier brauchst du etwas Fantasie. Unterschiedliche Lösungen sind denkbar, wie in Aufgabe 4. Möglich wären z. B. *experience, challenge, adventure* …

7 Die in diesem Satz beschriebene Situation ist dir sicher vertraut, möglicherweise aus eigener Erfahrung oder aber aus Lehrbuchgeschichten. Es geht um den Begriff, der die hier benannten Verhaltensweisen (*frightening* or *hurting others*) auf den Punkt bringt. Wenn dir nun das Verb „bully" einfällt, musst du noch überlegen, in welcher Form es in den Satz passt. Es steht vor den Verbformen „might be". Das ist die Stelle, die im Englischen immer dem Subjekt des Satzes vorbehalten ist, also der Person oder der Sache, von der das Verb abhängt. Es muss sich also um ein Nomen handeln. Da „bully" ein Verb ist, brauchst du eine Möglichkeit, aus einem Verb ein Nomen zu machen. Das geschieht im Englischen dadurch, dass du an das Verb „-ing" anhängst, hier also „bullying".

8 Wieder ist die Position im Satz wichtig. Nach „might" muss ein Verb folgen. Überlege nun, welche Möglichkeiten es in diesem Zusammenhang gibt. Möglicherweise denkst du als einfachste Lösung an das Verb „be". Doch da gibt es ein Problem, wenn du dir das folgende Wort anschaust: „differently". An der Endung „-ly" erkennst du, es handelt sich um ein Adverb. Erinnere dich nun daran, dass „be" nicht mit Adverbien gebraucht wird, es heißt immer „It is good. He is different. I was poor." usw. Also brauchst du ein anderes Verb. Passen könnten z. B. „behave" oder „act".

Aufgabe 5: Schreiben

Gnome[1] Run

It seemed like a good idea at the time. Yes, I know everybody says that – but I'm serious. As insane as it looks in retrospect, I was fully convinced on that particular Friday evening last September that stealing my mom's car and storming my dad's house was a brilliant plan. And not brilliant as in "That
5   was a brilliant answer you gave in Spanish today." I mean brilliant, as in, "Wow, Einstein, when you came up with that relativity thing, and it revolutionized our entire concept of space and time while also leading all of human kind into the nuclear age, that was brilliant!"
The plan had a certain elegant simplicity, too. I would drink one more pint[2]
10 of Dad's old vodka, grab Mom's spare car keys, jump into the Dodge[3] [...]. Then I would speed through the deserted, moonlit street, straight and true as a sober[4] person who actually knew how to drive. When I skidded triumphantly into Dad's driveway, I would leap nimbly[5] from the car, race to the front door, ring the bell with a fury rarely encountered[6] by any bell, anywhere – and
15 catch my father with the no-good home-wrecking[7] wench[8] who was once, in a forgotten life we used to have, my third-grade teacher.
Okay, perhaps these plans would theoretically work better if the planner were not already completely intoxicated[9]. But I'd never gotten drunk before – so how was I supposed to know I'd get so smashed so quickly? And hey, if my
20 mom had really wanted to keep me from driving without a license at age sixteen, would she have gone out on a date and left me home with a car, a liquor cabinet, and some keys?
I rest my case[10].
So I downed some more booze[11] straight from the bottle and lunged for the
25 key ring, [...] got into the car and started it. [...]
The next thing I knew, I was hanging out the passenger door, puking[12] up vodka and Ring Dings. When I got my eyes sort of focused, I could see that the car was up on a lawn. When I got them even more focused, I could see that my last salvo of vomit had completely splattered two shiny black objects – the
30 well-polished shoes of one angry police officer. He yanked me out of the car, largely by hair, and stood me up. I remember him saying "Look at that! Look what you did." I also remember trying to follow his pointing finger. When I finally zoomed on what was lying in front the car, I couldn't believe it. There was a detached[13] head about ten feet in front of the bumper!
35 The cop sort of puppet- marched me up to the horrific scene and forced my head down close to the carnage . This head was seriously injured, to be sure. It was upside down, smushed up against a tree stump. There was no body in sight. I whirled around so fast that the cop almost lost hold of me, and crouched to look under Mom's car. Sure enough, an arm and a leg were sticking out
40 from underneath the left front wheel.

"Officer, sir, did I – is he – is – ummm..."
I could feel the tears welling up. My eyes burned [...].
"Yes, son. You ruined my brand-new shoes, smashed up your car, and decapi-
tated Mrs. Wilson's French lawn gnome. You're in some serious..."
"Lawn gnome? LAWN GNOME?"   45

Annotations:

1 **gnome:** little figures made of pottery or plastic, often used in gardens for decoration

2 **pint:** measurement for liquids, about half a liter

3 **Dodge:** American brand of car

4 **sober:** not drunk

5 **to leap nimbly:** to jump fast and without any difficulties

6 **encounter sth:** experience sth

7 **home-wreck:** break up a family

8 **wench** (sl): young woman

9 **intoxicated:** drunk oder under the influence of drugs

10 **I rest my case:** said by lawyers when they have finished their speech

11 **booze** (infml): alcohol

12 **to puke:** to throw up

13 **detached:** cut off

14 **carnage** (here): very violent killing

(Sonnenblick, Jordan: Notes from the Midnight Driver. Cornelsen: Berlin 2014.)

AUFGABEN

- Read the tasks carefully.
- Write complete sentences.
- Make sure to write about all the aspects presented in each task.

1 Outline why Alex is so upset, what his plan is and how the situation ends.

2 Explain what makes this extract funny.
You can look at:
- the words that are used,
- how Alex describes the situation.

3 Here you can choose between three options. Do only one of them!

a) After the end of the extract Alex is taken to the police station and eventually has to go to court.
Imagine he gets the chance to deliver a short speech to defend himself. Write that speech.
Include:
- his feelings before doing this,
- why he thinks this is just a minor crime,
- what he will do better in the future.

You can start like this:

Your Honour, the night we are talking about got totally out of hand. There have been so many problems in my family in the past few years and I was upset. And there I was all alone at home while my mom was going out.

b) After this incident, Alex is picked up by his mother at the police station. She is of course very angry and wants to know what has happened and why Alex did this. Write the conversation.
Include:
• Alex's feelings as well as the feelings of his mother,
• what she expects of him in the future,
• her punishment for him.

You can start like this:

Mrs Gregory: Alex, I don't know where to start, I am so disappointed in you! How could you be so stupid? I really thought you were old enough to know better! …

Alex: Listen, Mom, I know that it was a stupid idea, but …

c) In order to make it up to his mother and show that he will learn from his mistakes, Alex is sentenced to working in a retirement home for old people. Comment on this "punishment".

_____

_____

_____

_____

LÖSUNGSHILFEN

Lösungshilfe zu Aufgabe 1:

Bei dieser Aufgabe sollst du zeigen, dass du den Text verstanden hast und die zentralen Inhalte in eigenen Worten wiedergeben kannst. Die Aufgabenstellung verlangt hier von dir, dich auf drei Aspekte zu konzentrieren:
• die Gründe für Alex' Unzufriedenheit
• sein Vorhaben
• und wie dieses Vorhaben endet.
Um keinen zentralen Aspekt zu vergessen, solltest du die wichtigsten Textstellen markieren, bevor du mit dem Schreiben beginnst. Auch bietet es sich hier an, unterschiedliche Farben zu nutzen, um deinen Text vorzustrukturieren. Achte darauf, genau zu lesen und den Text nicht nur zu überfliegen oder einfach nur nach bestimmten Wörtern zu suchen.

Folgende Zeilen könntest du hier markieren:

reasons for him being upset	ll. 14-15 and catch my father with the no-good home-wrecking wench-> his father has left his mother and is now in a relationship with his former teacher
his plan	ll. 3-4 that stealing my mom's car and storming my dad's house was a brilliant plan ll. 9-10 I would drink one more pint of Dad's old vodka l. 15 catch my father with the no-good home-wrecking wench

what happens eventually	ll. 26-27 hanging out the passenger door, puking up vodka and Ring Dings ll. 29-30 my last salvo of vomit had completely splattered two shiny black objects – the well-polished shoes of one angry police officer ll. 33-34 There was a detached head about ten feet in front of the bumper! ll. 43-44 You ruined my brand-new shoes, smashed up your car, and decapitated Mrs. Wilson's French lawn gnome

Nun gilt es diese Aspekte in einem sinnvollen Text zusammenzufassen. Dabei ist es besonders wichtig, dass du deine eigenen Worte verwendest und keine Zitate aus dem Text übernimmst. Hinzu kommt noch, dass du unbedingt im Präsens schreiben solltest; dies ist die Zeitform, welche man für Inhaltsangaben verwendet, wie du sicherlich weißt. Für Handlungen, die vor dem Auszug stattgefunden haben, nutzen wir das *present perfect*. Es kann auch sinnvoll sein einen Einleitungssatz zu verfassen, der kurz erläutert, wer Alex ist, bzw. die allgemeinen Informationen beinhaltet, die dir bekannt sind.

LÖSUNGSHILFEN

Lösungshilfe zu Aufgabe 2:

Auch hier solltest du dir klarmachen, was hier von dir erwartet wird: Du sollst verdeutlichen, inwiefern dieser Text viel Humor enthält und den Leser/die Leserin zum Lachen bringt. Im besten Fall hast du bereits bei der ersten Lektüre an manchen Stellen ein wenig lächeln müssen. Diese Stellen kannst du dir direkt merken oder in einer weiteren Farbe markieren.

Die Aufgabenstellung bietet dir zudem eine Hilfestellung bzw. sie gibt dir Ideen, wonach du suchen kannst. Die Wortwahl und die Art und Weise, wie etwas beschrieben wird, können oft sehr unterhaltsam sein, so auch hier in Alex' Beschreibung seines Abends.

Aber welche Wörter erscheinen „witzig"? Oft sind es *slang words* oder *informal words,* die Menschen lustig finden. Alex' Beschreibungen seines Betrunkenseins (z. B. „smashed", l. 19) können hier einbezogen werden oder die Bezeichnung der neuen Freundin seines Vaters als „home-wrecking wench" (l. 15).

Auch kann man hier die Beschreibungen und Kommentare von Alex bezüglich seines „Plans" nennen, z.B. dass er diesen mit der Relativitätstheorie vergleicht oder behauptet, dass das seiner Mutter hätte klar sein müssen, dass er sich betrinken und das Auto stehlen könnte.

Zudem sollte hier auch das überraschende Ende erwähnt werden. Der abgetrennte Kopf, der sich letztlich als der Kopf eines Gartenzwergs herausstellt, ruft Erleichterung beim Erzähler und dem Leser/der Leserin hervor, was natürlich auch als komisch empfunden werden kann.

Folgendes Vokabular kann für so eine Aufgabe hilfreich sein:
- to ridicule sth/sb – to make something look ridiculous
- the choice of words/ the description of ... is amusing, humorous, funny because ...
- to make the reader laugh
- to be entertaining
- to employ, to use, to apply (zur Beschreibung der Mittel, die vom Erzähler genutzt werden)

Auch hier ist die Zeitforms das Präsens.

LÖSUNGSHILFEN

Lösungshilfe zu Aufgabe 3:

Du kannst dich hier für eine Aufgabe entscheiden. Alle drei Aufgaben erwarten von dir eine Art von Auseinandersetzung mit Alex' Tat, allerdings sind die Textsorte, die Perspektive und auch der Kontext unterschiedlich. Für deine Entscheidung muss dir also klar sein, ob du die jeweils geforderte Textsorte sowie das dazugehörige Vokabular gut beherrscht. Zudem solltest du dir im Vorfeld darüber bewusst sein, ob du lieber kreativ oder argumentativ arbeitest.

Aufgabe a:

Der Anfang einer möglichen Lösung ist hier bereits vorgegeben, auch ist dir die Perspektive bereits klar. Du sprichst/ schreibst hier also aus Alex' Sicht, d.h. du solltest inhaltlich möglichst so argumentieren, dass du einer möglichen Strafe entgehen könntest. Dazu kann der Protagonist also Reue zeigen oder auch die Schuld seiner Mutter zuschieben, er kann auf seine schwierige Situation (als strafmindernd) eingehen oder einfach verdeutlichen, dass er falsch gehandelt hat und das nie wieder tun wird.

Hinsichtlich der sprachlichen Mittel solltest du natürlich *formal language* verwenden, immerhin ist dies eine Rede vor Gericht, die über Alex' Zukunft entscheidet. Hinzu kommt, dass dir Vokabular, welches man in juristischen Kontexten verwendet, bekannt sein sollte.

Zunächst solltest du dir hier also sinnvolle Argumente einfallen lassen, die Alex vor Gericht vorbringen könnte und diese nach Wichtigkeit ordnen. Das stärkste Argument sollte generell immer zuletzt genannt werden, da es dem Leser/der Leserin am ehesten im Gedächtnis bleibt.

Aufgabe b:

Diese Aufgabenstellung erwartet von dir, einen Text zu verfassen, der dir schon seit Jahren aus deinem Englischbuch bekannt sein sollte. Des Weiteren gibt sie dir neben einem möglichen Anfang einige Aspekte vor, dadurch wird der Aufgabe ein gewisses Maß an Komplexität verliehen, denn du musst hier Argumente für verschiedene Perspektiven finden und in gewisser Weise einen Fokus auf Alex' Mutter legen. Da dir die Figur aus dem Roman nicht direkt bekannt ist und du nur einige wenige Informationen durch Alex hast, hast du hier dennoch eine gewisse Offenheit. Wichtig ist nur, dass du ihre Gefühle, ihre zukünftigen Erwartungen und ihre Bestrafung berücksichtigst und gerade der letzte Punkt deutet an, dass sie den Vorfall vermutlich negativ bewertet.

Hier darfst und sollst du mündliche Sprache verwenden, d. h. du kannst Kurzformen verwenden, deine Sätze können Lücken oder Pausen aufweisen, aber die Sprecher sollten aufeinander eingehen.

Aufgabe c:

Hier geht es darum, deine eigene Meinung zu Alex' Bestrafung darzustellen Diese Aufgabe ist weniger kreativ und dafür mehr argumentativ. Es gibt hier außerdem keine richtige oder falsche Meinung, vielmehr geht es um deine Darstellung dieser Meinung und deiner Begründungen. Es wäre also wichtig, dir darüber klar zu werden, ob du die Bestrafung befürwortest oder sie falsch findest. Wenn du dir hier unsicher bist, solltest du dir zunächst Argumente für oder gegen diese Bestrafung einfallen lassen, welche du nach Gewichtung sortieren solltest. Dabei kann es hilfreich sein, die Bestrafung, also die Arbeit im Seniorenheim genauer zu beleuchten: Inwiefern kann so etwas schwierig sein? Ist diese Strafe der Tat (also dem Überfahren eines Gartenzwergs unter Alkoholeinfluss und ohne Führerschein) angemessen? Zudem kannst du hier auch alternative Bestrafungen für Alex nennen, die du angemessener findest als die bereits angesprochene Arbeit im Seniorenheim. Insbesondere das Fahren ohne Führerschein und unter Alkoholeinfluss kann hier herangezogen werden und für Argumente für eine andere Art der Bestrafung genutzt werden.

Auch hier ist es notwendig, *formal language* zu verwenden, *short forms* oder auch umgangssprachliche Formulierungen sollten hier nicht zu finden sein. Zudem benötigst du hier Vokabular, um deine Meinung darzustellen – folgende Formulierungen können dir helfen:

- Personally, I think …
- From my point of view …
- The punishment appears to be adequate because …
- After carefully considering all arguments I think that …

Für alle drei Aufgaben sollten dir Redemittel (siehe Verbindungswörter, S. 39) zur Verfügung stehen, um …

- einen neuen Aspekt hinzuzufügen: in addition, moreover, furthermore
- Aspekte gegenüberzustellen: in contrast, on the one hand / on the other hand …
- etwas zusammenzufassen: in conclusion, to put it in a nutshell, finally, …

Nun entscheide dich für eine Aufgabe und schreibe den entsprechenden Text auf ein Extrablatt.

Test 1 – Auswertung

Zeitplanung

So, der erste Beispieltest ist geschafft. Nun kann es an die Auswertung gehen. Zunächst musst du dir klarmachen, wie deine Zeitplanung aufgegangen ist. Wenn du, wie in den Bearbeitungshinweisen empfohlen, bei jeder Einzelaufgabe notiert hast, wann du damit begonnen und wann du sie beendet hast, wird es dir nicht schwerfallen, die folgende Tabelle auszufüllen:

Prüfungsteil	Zeitvorgabe (Minuten)	benötigte Zeit
1: Hörverstehen Teil 1	10	
2: Hörverstehen Teil 2	10	
3: Leseverstehen	20	
4: Wortschatz	15	
5: Schreiben	65	
(zweiter Teil insgesamt)	(100)	
Überarbeitung	10	
Test insgesamt	**120** (+ 10 Bonus)	

Wenn du deutlich von den Vorgaben abweichst, solltest du überlegen, woran das liegen könnte, und daraus für das nächste Testbeispiel Schlussfolgerungen ziehen.

Wahrscheinlich wirst du feststellen, dass du bei den Hörverstehensaufgaben ganz gut in der Planung liegst oder auch mit weniger Zeit auskommen würdest. Hier hast du wenig Möglichkeiten, die Bearbeitungszeit zu beeinflussen, weil sie von der Länge der Hörtexte abhängt. Bei der ZP sind diese aber mehrfach erprobt, und es wird sicher so sein, dass du mit der Arbeitszeit zurechtkommst.

Beim den anderen Aufgaben gibt es keine festen Vorgaben für die Einzelaufgaben, und du wirst wahrscheinlich deutlicher abweichen. Dafür kann es viele Gründe geben. Wenn du z. B. merkst, dass du nicht genug Zeit für die Schreibaufgaben hattest, dann hast du an einer anderen Aufgabe länger gearbeitet, als du solltest. Bei den folgenden Tests gehst du in diesem Fall am besten so vor, dass du dir für jede Aufgabe selbst eine Zeitvorgabe machst, deinen Wecker stellst und die Aufgabe beendest, sobald dieser klingelt – auch wenn du noch nicht fertig bist. Du wirst nach und nach herausfinden, wie viel Zeit du für eine Aufgabe sinnvollerweise ansetzen solltest. Dabei ist natürlich auch wichtig, dass du deine Lösungen mit denen des Lösungshefts vergleichst. Solltest du dabei feststellen, dass du eine Teilaufgabe nicht so gut gelöst hast, dann könntest du als ersten Schritt für diesen Aufgabentyp mehr Zeit beim folgenden Test einplanen.

> **TIPP** zur Zeitplanung in Teil 2
>
> 1. Mache dir klar, wie viel Zeit du für eine Aufgabe (oder Teilaufgabe) hast.
> 2. Stelle deinen Wecker entsprechend ein.
> 3. Beende die Aufgabe, wenn der Wecker klingelt – auch wenn du noch nicht ganz fertig bist.
> 4. Notiere die Zeit.
> 5. Plane einen Zeitpuffer am Ende ein (ca. 10 Minuten), den du nutzen kannst, um eventuell noch einmal zurückzugehen oder Lösungen zu überarbeiten.

Lösungen auswerten

Bei den Hörverstehensaufgaben, den Aufgaben zum Wortschatz oder zum Leseverstehen gibt es eindeutig richtige oder falsche Lösungen, die du leicht kontrollieren kannst. Solltest du einen Fehler gemacht haben, dann schau dir die Aufgabe noch einmal an und versuche herauszufinden, was du falsch gemacht hast.

Bei den Aufgaben, bei denen du längere Texte schreiben sollst, können die Lösungen nicht eindeutig richtig oder falsch sein. Es gibt daher auch nur Lösungsvorschläge. Für dich ist die Kontrolle hier deutlich schwieriger. Wenn du sprachliche Fehler gemacht hast, dann wirst du das wahrscheinlich nicht so leicht bemerken – sonst hättest du sie ja wahrscheinlich gar nicht gemacht. Hier wäre es sicher besser, wenn eine andere Person, etwa ein Klassenkamerad oder eine -kameradin, deine Lösungen kontrolliert und ihr anschließend gemeinsam überprüft, welche Fehler du gemacht hast. Vielleicht kannst du auch deine Lehrerin oder deinen Lehrer fragen, ob sie oder er deine Übungen durchsieht. Was den Inhalt betrifft, gilt eigentlich dasselbe: Eine andere Person kann sicher besser als du selbst bewerten, wie nahe du dem Lösungsvorschlag gekommen bist beziehungsweise wo du deutlich abweichst.

Wenn du niemanden finden kannst, der mit dir zusammenarbeitet, dann lass auf jeden Fall mindestens einen Tag vergehen, bevor du dir die Lösungen im Lösungsheft ansiehst. Dann hast du deine eigenen nicht mehr so genau im Kopf und es wird dir leichterfallen, deine Texte „neutral" durchzusehen und Fehler zu erkennen. Nimm dir auf jeden Fall viel Zeit und Ruhe für die Kontrolle und mache dir klar, was gut geklappt hat und was nicht. Am besten schreibst du es hier auf:

Das ist mir gut gelungen:

(z. B.: Ich habe keine Probleme mit der Zeiteinteilung bei ... gehabt.

Die Hörverstehensaufgaben habe ich überwiegend richtig gelöst. ...)

_____

_____

_____

_____

Das war schwierig für mich:

(z. B.: Bei Aufgabe ... habe ich zu viel Zeit benötigt.

Ich hatte Schwierigkeiten bei ...)

_____

_____

Was bedeutet dies für den nächsten Test?

Notiere hier, was du beim nächsten Test besser machen beziehungsweise worauf du besonders achten möchtest. Das kann die Zeitplanung ebenso betreffen wie die Bearbeitung einzelner Teilaufgaben. Lies dir das, was du hier notierst, auf jeden Fall noch einmal durch, bevor du dich an den nächsten Test heranwagst!

Darauf möchte ich beim nächsten Test genauer achten:

_____

_____

_____

_____

Vorschläge zur Wortschatzerweiterung

Du hast dich in diesem Test mit dem Thema Schule beschäftigt und sicherlich gemerkt, dass du in diesem Bereich schon über eine Menge sprachlicher Möglichkeiten verfügst. Eine Erweiterung deiner Fähigkeiten ist aber in jedem Fall sinnvoll. Deshalb findest du hier ebenso wie im Anschluss an die folgenden Beispieltests Ideen und Vorschläge, die dir dabei helfen werden. Diese sind nicht so zu verstehen, dass du sie alle in der vorgegebenen Reihenfolge durcharbeiten musst, sondern du solltest selbst entscheiden, welcher Idee du nachgehen willst. Wichtig ist, dass du dich auf jeden Fall damit beschäftigst und zumindest einige der Schritte auch tatsächlich durchführst.

Auf der Grundlage dessen, was du in diesem Test gehört, gelesen und geschrieben hast, fällt es dir sicher nicht schwer, mit der Technik des *mindwalking* (siehe Kapitel A 5 „Wortschatzerweiterung – Wortfelder", S. 37) zunächst eine Bestandsaufnahme dessen zu machen, was du bereits weißt, um dann eventuell noch vorhandene Lücken zu füllen oder deinen Wortschatz in weitere Bereiche auszudehnen. Dein wichtigstes Hilfsmittel ist hier natürlich ein Wörterbuch.

Step 1: Sit back, relax and imagine your school. What does it look like? Where is which room? What is in each room? Do you see any pupils or teachers (or anybody else)? Who? Where? What are they doing?
Mache einfach einen gedanklichen Rundgang durch deine Schule:

I enter the school building through the main entrance. Then I walk _____

In the office, there is the secretary, Mrs _____ *. She is working at her desk*

_____ *In classroom 102, Mrs* _____ *is teaching 6a, they are doing a*

History lesson. At the moment they are watching a film about _____

_____

The caretaker is working in the corridor. He is _____ *.*

Step 2: Jetzt bietet sich wieder an, eine grobe Skizze deiner Schule anzufertigen, deinen Weg durch Pfeile zu markieren und die Skizze zu beschriften, so wie du es im Kapitel A 5 „Wortschatzerweiterung – Wortfelder" gelernt hast.

Step 3: Sollten dir bei deinem *mindwalk* Lücken aufgefallen sein, kannst du diese nun mithilfe deines Wörterbuchs füllen und in die Skizze übernehmen.

Step 4: Erstelle nun einen **key** (vgl. wieder Kapitel A 5) zu deiner Skizze, z. B. eine Tabelle, in der du die Begriffe aus deiner Skizze systematisch anordnest. Hier kannst du natürlich weitere Begriffe ergänzen, die dir jetzt einfallen, wenn du systematisch vorgehst. Vielleicht hast du ja bei deinem Rundgang einige Räume vergessen? Oder es fallen dir weitere schultypische Gegenstände ein? Vervollständige auch die Liste der Fächer.

rooms	objects	people	subjects	activities
classroom	desk	student	History	work
office	beamer	secretary		teach
corridor	computer	caretaker		watch
…	…	…	…	…

Step 5: Ist dir schon einmal aufgefallen, dass es meistens recht einfach ist, die Vokabeln für Gegenstände oder Personen, also Nomen zu lernen? Andere Wortarten zu lernen, fällt oft schwerer. Du hast in deiner Tabelle oben schon eine Reihe von Verben in der Kategorie „activities" zusammengestellt. Schau sie dir noch einmal an und überlege, ob dir nicht ein paar weitere schultypische Tätigkeiten von Lehrern oder Schülern einfallen. Versuche es mit einen *mindwalk* durch die Zeit, indem du einen ganzen Schultag zeitlich an dir vorüberziehen lässt. Welche Tätigkeiten (geistige und körperliche) führst du im Laufe eines Schultages (auch bei den Hausaufgaben) aus?

> *When I arrive in my classroom, I sit down at my table and start talking to my*
>
> *classmates. Then the teacher enters, says „Good morning" and tells us to …*
>
> *So we start to …*

Auch diesen *mindwalk* kannst du ordnen: Gehe von deinem Tagesablauf aus und notiere an einem Zeitstrahl oder einer Art Stundenplan, was dir eingefallen ist. Sicherlich kommst du so auf neue Aspekte, mit denen du deine Tabelle aus *step 4* ergänzen kannst.

Step 6: Bisher bist du von deiner eigenen Schulerfahrung ausgegangen. Was weißt du aber über Schulen in Großbritannien? Da gibt es einige Dinge, die bei uns nicht üblich sind. Erinnere dich an das, was du über britische Schulen gelernt hast. Versuche jetzt einen Perspektivwechsel und begib dich auf einen *mindwalk* als britischer Schüler oder britische Schülerin in einer britischen Schule. Denke entweder an einen Tagesablauf oder überlege, wie du dir die Schule vorstellst.
Wenn du dir nicht sicher bist, dann findest du im Lehrbuch ganz bestimmt eine *unit,* die mit dem britischen Schulsystem zu tun hat. Du kannst auch die Website einer britischen Schule besuchen und diese im Hinblick auf neue Punkte oder brauchbare Formulierungen **scannen** (siehe wieder Kapitel A 5). (Ein ergiebiger, leicht verständlicher Fundort ist z.B. https://www.woodlands.kent.sch.uk/)
Mit den Ergebnissen kannst du deine Tabelle um Aspekte ergänzen, die es in Großbritannien gibt, aber nicht bei uns. Das funktioniert nicht bei allen Kategorien, aber doch bei einigen, z. B.:
– Subjects: Drama …
– Activities: pupils and teachers assemble in the assembly hall

Step 7: Bisher hast du sprachliche Mittel für ganz konkrete Dinge rund um Schule gesammelt. Wende dich jetzt einmal abstrakteren Aspekten zu (mit der Liste der Schulfächer hast du das schon begonnen). Überlege, welche Schultypen oder Schulformen es gibt. Dir ist sicherlich auch klar, dass die Schulsysteme in verschiedenen Ländern unterschiedlich gestaltet sind, dass also auch die Schulformen nicht immer ein wirkliches

Gegenstück im jeweils anderen Land haben. Versuche in der folgenden Liste englischer Schultypen entweder das deutsche Gegenstück zu ergänzen oder aber zu erklären, um was für eine Art Schule es sich handelt.

Britain	Germany
primary school	
comprehensive school	
grammar school	
independent school	
boarding school	

Checkliste für Testbeispiel 2

Bevor du nun mit Test 2 beginnst, gehe erneut die bereits bekannte Checkliste durch. Die Zeitvorgaben solltest du hier selbst einsetzen, aber darauf achten, dass du die Gesamtarbeitszeit für die beiden Prüfungsteile bei der Planung einhältst.

CHECKLISTE für Test 2

1. Zeit
Ich habe genug Zeit, um den Test an einem Stück durchzuarbeiten. ☐
Zeitvorgaben:

Für die Hörverstehensaufgaben	20 Minuten ☐
Für die Leseverstehensaufgaben	_____ Minuten ☐
Für Wortschatz	_____ Minuten ☐
Schreiben insgesamt	_____ Minuten ☐
davon Teil 1	_____ Minuten ☐
davon Teil 2	_____ Minuten ☐
davon Teil 3	_____ Minuten ☐
Puffer für Überarbeitung	(10 Minuten)

2. Ort
Ich kann hier voraussichtlich ungestört arbeiten. ☐

3. Arbeitsplatz

– Uhr ☐

– Schreibmaterialien ☐

– für die Hörverstehensaufgaben einen Zugang zum Internet und zur Seite finaleonline.de ☐

– und **sonst nichts!** ☐

Angeleiteter Test 2

Erster Prüfungsteil: Hörverstehen

Aufgabe 1: Hörverstehen Teil 1

Some facts about New Zealand

 Track 6

You are going to hear somebody talking about basic facts about New Zealand.

AUFGABEN

- First read the tasks.
- Then listen to the text.
- For tasks **1, 2, 3, 4** and **7** tick the correct box.
  There is only one correct answer for each task.
- For tasks **5, 6** and **8** fill in the missing information.
- At the end you can listen to the text again.

Now listen to the text and do the tasks.

TIPP

Schreibe beim ersten Hören deine Lösungen nur schwach (vielleicht mit Bleistift).
Erst beim zweiten Hören, wenn du dir sicherer bist, schreibst du deine Lösung deutlich auf.

1 New Zealand is situated about …
a) 2000 miles south-east of Australia. ☐
b) 2000 km south-west of Australia. ☐
c) 2000 km south-east of Australia. ☐

2 New Zealand …
a) is smaller than Britain. ☐
b) is larger than Britain. ☐
c) has a smaller population than Britain. ☐

3 New Zealand got its name from …
a) the original population, the Maori. ☐
b) Dutch explorers. ☐
c) Polynesian people. ☐

4 Europeans began to settle in New Zealand …
a) around 1640. ☐
b) after 1770. ☐
c) after 1840. ☐

5 The Treaty of Waitangi between the British and the Maori claimed New Zealand as

_____ .

6 In the 19th century New Zealand was systematically settled by

_____ .

7 New Zealanders are often called "Kiwis" because ...

a) of a native bird of prey. ☐

b) because of a native bird that cannot fly. ☐

c) because of a fruit that grows there. ☐

8 New Zealand's very successful rugby team is called

_____ .

Diese Aufgabe ist ähnlich wie die entsprechende Aufgabe im ersten Test: Es handelt sich um einen Monolog, dem du **detaillierte** Informationen zu Neuseeland entnehmen sollst. Das detaillierte Hörverstehen ist, wie du ja weißt, wohl die anspruchsvollste Form des Hörverstehens, weil du eine Fülle von Informationen verarbeiten und die jeweils passenden heraus*hören* musst. Umso wichtiger ist es, dass du die **three steps** anwendest. Ein Blick auf die Aufgabenstellung sagt dir, dass es

bei Frage 1 um die Lage in Bezug zu Australien geht, und zwar auf Richtung und Entfernung;

bei 2 um die Größe in Bezug auf Großbritannien,

bei 3 um die Entstehung des Namens – die Bezeichnung (Neu-)„Zeeland" hast du vielleicht schon einmal gehört;

bei 4 geht es um ... richtig: Jahreszahlen, und zwar 16 ..., 17 ... oder 18 ...;

bei 5 müsstest du darauf achten, ob du den Namen „Waitangi" hörst und was dazu gesagt wird;

bei 6 solltest du auf ein Jahrhundert achten – richtig: das „19th century";

7 und 8 kannst du ja vielleicht schon beantworten, ohne den Text gehört zu haben, wenn du ein wenig über Neuseeland weißt.

Vor allem aber gilt auch hier wieder: **Lass dich nicht aus der Ruhe bringen, wenn du etwas nicht verstehst!** Du hörst den Text ja ein zweites Mal, hast dann ja schon einige Aufgaben erledigt und kannst gezielter hinhören.

Aufgabe 2: Hörverstehen Teil 2

Kiwi Adventure

🎧 Track 7

Monica gives some travel tips on what to do in New Zealand.

AUFGABEN

- First read the tasks.
- Then listen to the text.
- For tasks 1, 4, 5 and 6 tick the appropriate box (one correct answer only).
- For tasks 2 and 3 fill in the missing information.

1 Which city does Tamara come from?

a) Parihaka ☐

b) Whangarei ☐

c) Tamaki ☐

2 Tamara strongly recommends the _____ Island.

3 To see the glaciers from a bird's-eye perspective, Tamara recommends visiting the glaciers

by _____ .

4 She says you should drive ...
a) around the South Island. ☐
b) along the Northern coast. ☐
c) the length of the country. ☐

5 She recommends a farm stay for ...
a) a few days. ☐
b) two or three weeks. ☐
c) at least a month. ☐

6 Where can you easily come into contact with Maori culture?
a) Rotorua. ☐
b) Wellington. ☐
c) The hot springs. ☐

LÖSUNGSHILFEN

Diese Aufgabe ist ähnlich wie die entsprechende Aufgabe im ersten Test: Es handelt sich um einen Dialog, dem du detaillierte Informationen zu Neuseeland entnehmen sollst. Das detaillierte Hörverstehen ist, wie du ja weißt, die anspruchsvollste Form des Hörverstehens, weil du eine Fülle von Informationen verarbeiten und die jeweils passenden heraushören musst. Umso wichtiger ist es, dass du die *three steps* anwendest.
Ein Blick auf die Aufgabenstellung sagt dir, dass es
bei Frage 1 um den Namen einer Stadt geht;
bei 2 um die Entscheidung für einen der beiden Inselteile,
bei 3 um ein Transportmittel; und
bei 4 um eine Route geht;
bei 5 müsstest du genau auf die Zeitangabe achten;
bei 6 geht es erneut um einen konkreten Ort.

Vor allem aber gilt auch hier wieder: Lass dich nicht aus der Ruhe bringen, wenn du etwas nicht verstehst! Du hörst den Text ja ein zweites Mal, hast dann ja schon einige Aufgaben erledigt und kannst gezielter hinhören.

Zweiter Prüfungsteil: Leseverstehen – Wortschatz – Schreiben

Aufgabe 3: Leseverstehen

The following article is about a young man from New Zealand who went on stage at a famous U.S. TV show.

AUFGABEN

- First read the text.
- Then do the tasks **1–7**.

America's Got Talent judges give Christchurch tap dancer[1] four thumbs up

Christchurch tap dancer Bayley Graham says it's been "a crazy few days" since his winning appearance on America's Got Talent.

The 22-year-old, who has been tapping since he was 6, was head-hunted for the show by US producers who saw his dancing skills on social media.
About a month ago, he was whisked off to the States to perform in front of the show's celebrity judges Simon Cowell, Heidi Klum, Sofia Vergara, and Howie
5 Mandel. The result was four votes from the stunned judges.
"I was definitely not expecting that," says Graham, who's back in New Zealand now. "I was hoping for the best, but you never know with those shows, anything can happen. I was lucky to have that outcome." Graham danced to Panic at *The Disco's The Greatest Show,* performing his tap set once at normal speed,
10 and then again, at top speed, all while bantering with Mandel. His easy going manner and talent won the audience over, even thawing the famously chilly heart of show runner Simon Cowell, who said Graham had "really undersold" his talent and the effort he'd put into getting there.
Vergara was the most effusive with her praise for his performance, saying she
15 was sure he was going to become a professional and would end up exactly where he wants to be with his career. Although not the largest audience he's performed in front of, it was "really full", and the energy coming from them spurred him on. "It was huge! You don't really see it before you go out. You do all your rehearsals backstage, and then you get put out in front of this big
20 crowd. It was definitely a very, very excited crowd."
As he stepped onto the America's Got Talent stage, his biggest supporter was watching back home. Dance teacher Jan Ruardy, of the Diamonz Tap Studio in North Beach, Christchurch, has been teaching and now working with the 22-year-old tap talent since he was about 6 years old, when he was first brought
25 to her garage dance studio by his mother.
He'd become obsessed with the dance style after seeing it on TV and wouldn't rest till he had a pair of the shoes. "His mother said, 'Well, you have to learn. You can't just do it by yourself'. But he said,' I don't want to', he just wanted the shoes," Ruardy says. She was able to talk him round, and now he teaches
30 classes himself. "He was very shy, but very good. He always came thoroughly practised and knew exactly what he was doing."

Ruardy, who has been teaching for 50 years, says there are "two sides to Bayley Graham". "He is definitely an entertainer – when he has to entertain it's like walking into a room and turning on a spotlight. But when the light's not on, he's just a hard worker. He can joke around a bit, but he's very professional, 35 and very humble." [...]

As for the future, he's not sure what the show will mean for his career, but hopes it will open doors for him to perform more overseas. "Just knowing that what I'm doing is kind of going in the right direction [was good]," Graham says. "There's a lot of sleepless nights in the studio trying to figure out what 40 you think's gonna work, so it was so nice to go out there and see that they did enjoy it and that the American crowd did like it.

Every country is different, so to go out there and for them to like me, it felt really good."

Kylie Klein-Nixon, July 30, 2022

Annotations:

to whisk sb. off – jemanden schnell irgendwo hinbringen

to banter – sich necken, scherzen

to thaw – auftauen

effusive – überschwänglich

humble – demütig, bescheiden

1 **Tap dance** is a form of dance characterized by the use of the sound produced by special shoes striking the floor as a form of percussion.

https://www.stuff.co.nz/entertainment/tv-radio/129431587/americas-got-talent-judges-give-christchurch-tap-dancer-four-thumbs-up

AUFGABEN

• Now do the following tasks / answer the following questions:

1 What does the expression "thumbs up" mean?
a) A command signalling someone to stop something. ☐
b) A gesture showing your disapproval. ☐
c) A gesture signifying approval or okay. ☐

2 There is some informal English in the text. Turn the phrase "[...] what you think's gonna work" into formal English.

3 Same word family: Complete the grid below.

Verb/Adverb/Adjective	Noun
to entertain	entertainer
to celebrate	
	expectation
to practise	
to joke	
famous	
to head-hunt	
	obsession
professional	
excited	
talented	
	skill
	support

4 Jan Ruardy has been Bayley's dance teacher for 16 years. Jan Ruardy is …
a) female ☐
b) male ☐
because the text says

_____

5 There is no business like show business: Find words/phrases from the text that indicate success and others that are linked to show business.

… indicating success	… linked to show business
thumbs up, head-hunted, celebrity talent, praise …	audience, crowd, support…
Do you know more words which fall in one of the two categories (even if they aren't in the text)?	
ambition …	to take part in …

6 Is there something you are really good at or wish to do well in? If you went on the America's Got Talent stage, which special talent would you show off in front of the judges?

Describe your talent, the feelings you expect to have behind and on stage as well as your idea of making money or become famous with your skill in the future. Write about 100 words.

_____

_____

_____

_____

_____

_____

_____

_____

_____

_____

_____

_____

LÖSUNGSHILFE

Bei diesen Aufgaben geht es nicht nur darum, gezielt nach Informationen zu suchen. Talent- und Musikshows sind auch in den deutschen Medien sehr präsent. Das Wissen um den Ablauf solcher Shows kann hier von großem Vorteil sein. Auch haben im „Showbusiness" längst viele englische Wörter und Begriffe einen festen Platz gefunden und sind leicht zu erschließen/zusammenzutragen.

Aufgabe 4: Wortschatz

- Sentences **1–3, 5, 8** and **12:** Fill in one or more suitable words.
- Sentences **4, 6–7, 9–11** and **13:** Tick the correct box (there is only one correct answer).

1 When you plan a holiday, you must first find a place to stay. On the Internet, you can find different kinds of _____ , such as hotels, holiday cottages, youth hostels etc.

2 If you _____ a room with somebody, it's usually cheaper.

3 The cheapest option, in European countries at least, is putting up a _____ on a campsite.

4 Young people sometimes prefer …
a) go ☐
b) going ☐
c) to going ☐
d) and go ☐
… to an activity centre.

5 There they have a _____ between various activities.

6 The kinds of activities on offer usually depend …
a) at ☐
b) from ☐
c) on ☐
d) by ☐
… the area where the centre is.

7 Especially school groups or other youth groups like to take part …
a) at ☐
b) in ☐
c) of ☐
d) with ☐
… activities like rock-climbing or mountain biking.

8 Of course, this can sometimes be _____ .

9 Last year, a new centre was …
a) open ☐
b) opening ☐
c) opened ☐
d) openly ☐
… near Inverness, in Scotland.

10 It specialises ...
a) about ☐
b) on ☐
c) at ☐
d) in ☐
... water sports.

11 The reason ...
a) of ☐
b) for ☐
c) why ☐
d) in ☐
... this is that it is situated on the Moray Firth - on the beach, in fact.

12 But you can also _____ other sports, such as archery or rock climbing.

11 All activities are accompanied ...
a) of ☐
b) from ☐
c) by ☐
d) through ☐
... experienced instructors.

LÖSUNGSHILFEN

In allen Fragen geht es um Wörter, die du sicher schon gelernt hast und wahrscheinlich kennst. Falls du dennoch einige vergessen haben solltest und nicht auf die erforderliche Anzahl kommst, helfen dir wie im ersten Test die folgenden Hinweise. Die richtigen Lösungen findest du dieses Mal aber nur im Lösungsheft.

1 Du brauchst hier einen Oberbegriff für „hotel, holiday cottage, youth hostel", also für „a place to stay". Es ist der gängige Begriff in Ferienprospekten beziehungsweise im Internet.

2 Es ist klar, dass es zu zweit in einem Zimmer für jeden billiger ist. Wie kannst du das ausdrücken?

3 Die entscheidenden Wörter hier sind „campsite" und „put up". Auf welche Art von „Unterkunft" trifft das zu?

4 Hier liegt ein grammatisches Problem vor. Du musst wissen, wie ein Satz nach „prefer" weitergeführt werden kann.

5 Man kann also auswählen. Möglicherweise kennst du mehrere englische Wörter für das deutsche „(Aus-)Wahl" (z. B. *election, selection, choice)*. Welches von ihnen kann im vorliegenden Zusammenhang verwendet werden? Noch ein Hinweis kann dir helfen: Die Präposition „between" kann nur nach einem dieser drei Wörter verwendet werden.

6 Hier musst du wissen, mit welcher Präposition das Verb „depend" verbunden wird.

7 Dieses Mal ist „take part" die entscheidende Wendung. Welche Präposition folgt darauf?

8 Das ist eine recht offene Aufgabe, die dir verschiedene Möglichkeiten lässt, je nachdem, was du sagen willst. Grammatisch wichtig ist, dass du ein Adjektiv verwenden musst.

9 Nach „was" ist Lösung d) grammatisch nicht möglich, weil „was" nicht mit einem Adverb (*-ly*) verbunden werden kann. Du musst nun überlegen, welche der drei anderen Lösungen hier die sinnvollste ist: a) bezeichnet einen Dauerzustand, b) etwas, das für eine begrenzte Zeit stattfindet und dann vorüber ist, c) ein Ereignis zu einem bestimmten Zeitpunkt.

10 Du musst die richtige Präposition nach einem Verb kennen.

11 Welche Präposition folgt auf „reason"? Sieh genau hin, wie der Satz weitergeht. Durch dieses Satzende ist nur eines der Wörter möglich.

12 Welches Verb kann mit „sport" verbunden werden? Es gibt mehrere Möglichkeiten. Du brauchst nur eine hinzuschreiben.

13 Noch mal eine Aussage im Passiv („is accompanied"). Welche Präposition zeigt bei einer solchen Form an, wer hier etwas tut, in diesem Fall also die Aktivität begleitet?

Aufgabe 5: Schreiben

The following text is a post in an on-line travel forum.

AUFGABE

Hi there,

I don't even know where to start. I just read a post on *travelling in Thailand* in the gap-year-forum and honestly, I was shocked by what some people wrote there. I am a frequent traveller – and always have been. I was raised by parents who enjoyed spending time abroad and showing me the world. 5 But – and I think that's the important part – they also taught me to respect other cultures, no matter how different they are and no matter how much they oppose my own ideas of life. And: I was also taught to be interested in foreign cultures – in a "polite" way I should say (at least that's what I think one could call it). Anyway, I need to spill my guts on what some travellers 10 suggested here.

I know that South East Asia is perfect for a gap year. Travelling (unfortunately not to but within) the countries is cheap, it is easy to communicate as English is basically spoken anywhere, the food is amazing and I partly get that there are some great places for going out and having fun. And that seems to 15 be most important for most "gappers": drinking and partying – and I get it: before starting university (which is so serious!) it is the last chance to blow off some steam. I myself spent some time in Australia after graduation and believe me, I did not only work and I did not only travel. But my experience is to no extent as it was described by some members of the forum when being 20 asked where to spend one's gap year. Listing the best places to get "roaring drunk" is only the tip of the iceberg. One place always mentioned was Koh Phangan being the epicentre of drunk gappers making a fool of themselves by pretending to go to a local event that is in fact very touristy. "Full Moon Parties" are everything a student dreams of – a lot of cheap alcohol, a lot 25 of drunk others, loud music, and all that in a beautiful landscape that was certainly not designed to be the backdrop for thousands of tourists getting loaded and puking on the beach thereafter.

Why aren't gap years more about getting to know cultures or even helping others? You could do that abroad, too, and doing some kind of charity work 30 will help to get to know people – locals as well as other volunteers, which can also be fun. Teaching English in African schools, protecting wildlife in South America, working on a farm in Australia – the list of possibilities is endless.

Instead of looking for an adventure that consists in discovering the cheapest and strongest booze, young people should do what having a "gap" in their CV
35 is all about: Getting to know oneself, maybe finding one's passion or ruling out what one thought was a passion, meeting new people, learning about other cultures and – last but not least – being a kind guest in a foreign place. I bet that these kinds of experiences would beat yet another trip full of parties.

40 And yes, I know: Despite being 25, I sound like a boring old lady. I don't care.

AUFGABEN

- Read the tasks carefully.
- Write complete sentences.
- Make sure you write about all the aspects presented in each task.

1 Summarize the author's opinion on gap years in Thailand.
(Write about 100 words.)

LÖSUNGSHILFEN

Wie immer solltest du dir darüber klar werden, was hier von dir erwartet wird: Du sollst die Meinung des Autors/ der Autorin in eigenen Worten wiedergeben. Dabei solltest du folgende Dinge berücksichtigen:

– Die generelle Meinung der Autorin zu "gap years" sollte dir klar sein (und achte darauf, dass die Haltung nicht nur "good" oder "bad" ist, sondern vermutlich deutlich komplexer).
– Die Begründungen für diese Haltung sollten ebenfalls von dir dargestellt werden.
  Das bedeutet also, du solltest zunächst einmal wesentliche Punkte im Text markieren, die dir Informationen zur Haltung und zur Begründung liefern. Es bietet sich hier an, mit unterschiedlichen Farben (jeweils einen für jeden Aspekt) zu arbeiten.

Welche Textstellen könntest du also markieren?
1. Absatz: *"I was shocked"* verdeutlicht die Ungläubigkeit des Autors/der Autorin *"I was taught to be interested in foreign cultures in a polite way"* deutet bereits an, dass *gappers* sich heutzutage unmöglich und respektlos verhalten
2. Absatz: *"And that seems to be most important for most "gappers": drinking and partying – and I get it: before starting university (which is so serious!) it is the last chance to blow off some steam"* zeigt auf, dass die Autorin den Wunsch nach Freiheit und Zwanglosigkeit nachvollziehen kann, aber davon schockiert ist, welche Ausmaße dies angenommen hat: *"a lot of cheap alcohol, a lot of drunk others, loud music and all that in front of a beautiful landscape that was certainly not designed to be the backdrop for thousands of tourists getting loaded and puking on the beach thereafter"* verdeutlicht die kritische Haltung der Verfasserin und ihr Gefühl der geringen Wertschätzung der fremden Kultur/ Natur gegenüber.
3. Absatz: *"Instead of looking for an adventure which consists of finding the cheapest and strongest booze young people should do what having a "gap" in their CV is all about: Getting to know oneself, maybe finding one's passion or ruling out what one thought was a passion, meeting new people, learning about other cultures and last but not least being a kind guest in a foreign place"* zeigt ihre alternative Vorstellung von einem Auslandsjahr nach der Schule auf.

Abschließend solltest du die markierten Stellen zu einem sinnvollen Text zusammenfügen, wobei du darauf achten solltest, deine eigenen Worte zu verwenden. Diese Zusammenfügen gleicht ein wenig einem Puzzle, dem Leser sollte nachher klar werden, wie dieses Bild (also die Meinung und die Begründungen dafür) aussieht. Die Verbindungen zwischen deinen Teilen (hier: Textstellen) solltest du schaffen, indem du z. B.

– (einzelne) Beispiele gibst (welche sich durch *for example, such as* oder *for instance* einleiten lassen)
– eine logische Konsequenz aufzeigst (sprachlich erkennbar durch Formulierungen wie *that is why* oder *because* of that)
– in diesem Fall herausstellst, dass der Schreiber/die Schreiberin nicht eine generell negative Haltung gegenüber *gap years* hat, aber sich eine andere Form wünscht. Vergiss den Einleitungssatz nicht!

AUFGABEN

Schreibe nun deinen Text zu Aufgabe 1 (Eine Vergleichsversion findest du im Lösungsheft).

_____
_____
_____
_____
_____
_____
_____
_____
_____
_____
_____
_____

2 Explain how the author puts this opinion forward.

LÖSUNGSHILFEN

Und hier wieder die erste Frage: Was genau sollst du tun?
Die Aufgabe knüpft eigentlich an die erste Aufgabe an. Du hast die Meinung ja bereits dargestellt, aber woher kennst du diese? Keine Textstelle lautet: "I don't like gap years" oder so ähnlich. Trotzdem bist du dir sicher, dass die Verfasserin kritisch gegenüber solchen Auslandsaufenthalten ist. Dir ist das vermutlich anhand verschiedener Dinge klar geworden:

– Wortwahl (z.B. Wörter wie "*shocked*", "*getting loaded and puking*", "*roaring drunk*") verdeutlicht die ablehnende Haltung; vorrangig abwertende Begriffe für den hohen Alkoholkonsum
– Kontrastierung des eigenen Reiseverhaltens *(polite, open-minded, interest in foreign cultures)* mit dem der *gappers (roaring drunk, puking on beaches,* etc.)
– abschließende Verbesserungsvorschläge als Zeichen des Kompromisses

Es wird von dir nicht erwartet, dass du alle Strategien erkennst und benennst, die hier verwendet werden, hier gilt es vor allem beispielhaft zu arbeiten. Deinen Ausführungen solltest du einen einleitenden Satz voranstellen, in welchem du zum Beispiel deutlich machst, dass der die Autorin verschiedene Strategien nutzt, um ihre Meinung vorzubringen.

Hilfreiches Vokabular könnten folgende Formulierungen sein:
– the phrase " … " suggests that
– the author's view on … becomes clear by the use of words such as …
– the writer wants to highlight/underline/emphasize …
– By employing words/phrases such as " … ", the author wants to make clear that…

AUFGABEN

Schreibe nun deinen Text.

_____

_____

_____

_____

_____

_____

_____

_____

_____

_____

_____

_____

_____

3 Choose one of the following tasks:

a) Comment on the author's idea of spending one's gap year doing charity work. Give reasons for your opinion.

or

b) Imagine you are talking to your friend about how to spend your time after finishing school. Write a short dialogue, in which you point out your opinion and discuss different ideas.

LÖSUNGSHILFEN

Hier ist es wichtig, eine Entscheidung zu treffen: Welche der beiden Aufgaben willst du bearbeiten? Dazu solltest du zunächst einige Überlegungen anstellen:
Welche Ideen zu den Aufgaben fallen dir spontan ein?

Bei der **ersten Aufgabe** geht es darum deine Meinung zu verdeutlichen und diese ordentlich zu begründen. Dazu solltest du mindestens drei Argumente ordentlich ausführen und unter Umständen auch konkrete Beispiele zu jedem Argument finden.
Du kannst dich hier für eine Position entscheiden, wichtig ist, wie du diese darstellst und sie begründest. Für den Aufbau deines Texts gibt es hier verschiedene Möglichkeiten: Du kannst deine Meinung zuerst darstellen und dann die Argumente und Beispiele nennen oder mit Argumenten und dazugehörigen Beispielen anfangen und dann (schlussfolgernd) deine Meinung darstellen.

Bei der **zweiten Aufgabe** kannst du etwas kreativer arbeiten und mehrere unterschiedliche Aspekte zu dem Thema einbeziehen. Wichtig ist, dass dein Text ein Dialog sein sollte, das heißt, du solltest die Form der Textsorte (die dir ja aus deinem Englischbuch bekannt ist) berücksichtigen. Das bedeutet zum Beispiel, dass dein Text nur direkte Rede enthält oder auch keine Anführungszeichen vorhanden sind, aber auch, dass sich die Gesprächspartner aufeinander beziehen. Hinsichtlich der Darstellung einer Position bist du hier freier, musst aber unterschiedliche Haltungen in deinen Text einbinden und dazugehörige Begründungen finden. Sprachlich solltest du deutlich machen, dass es sich um gesprochene Sprache handelt.

Da bei **beiden Aufgaben** verlangt wird, eine oder mehrere Positionen darzulegen, solltest du unterschiedliche Phrasen und abwechslungsreiches Vokabular im Hinterkopf haben. Du kennst ja schon einige Wendungen, die du verwenden kannst um deine Meinung auszudrücken, wie z.B. diese:
I personally think that …
It can be safely said that …
It is obvious that …
Another reason to keep in mind is …
Further reasons are …
After carefully considering all aspects mentioned, it can be stated that …

_____

_____

_____

_____

_____

_____

_____

_____

_____

_____

_____

Test 2 – Auswertung

Zeitplanung

Fülle zunächst wieder die Tabelle aus und mach dir damit klar, wie du mit deiner Zeitplanung zurechtgekommen bist.

Prüfungsteil	Zeitvorgabe (Minuten)	benötigte Zeit
1: Hörverstehen Teil 1	10	
2: Hörverstehen Teil 2	10	
3: Leseverstehen	20	
4: Wortschatz	15	
5: Schreiben 1. Aufgabe		
2. Aufgabe		
3. Aufgabe		
Schreiben gesamt	65	
Zeitpuffer		
(zweiter Teil insgesamt)	(100)	
Test insgesamt	**120**	

Wenn alles geklappt hat, arbeite einfach mit denselben Zeiten weiter. Falls nicht, musst du überlegen, wo du Veränderungen vornehmen kannst, und dies entsprechend bei der Vorbereitung von Test 3 berücksichtigen. Schau besonders auf die drei Teilaufgaben der Schreibaufgabe. Hier kann es leicht passieren, dass man zu lange an einem Teil arbeitet und dann bei den anderen Teilen in Zeitdruck gerät.
Wie sind deine Erfahrungen mit dem Zeitpuffer von 10 Minuten am Ende? Konntest du diese Zeit nutzen? Plane sie möglichst auch für Test 3 wieder ein.

Lösungen auswerten

Schau dir noch einmal die Hinweise zu den Lösungen bei Test 1 an. Dann solltest du deine Feststellungen wieder notieren:

Das ist mir gut gelungen:

_____

_____

_____

Das war schwierig für mich:

_____

_____

_____

80

_____

_____

Darauf möchte ich beim nächsten Test genauer achten:

_____

_____

_____

_____

Vorschläge zur Wortschatzerweiterung

Es ging in diesem Test um das Thema „Ferien und Freizeitaktivitäten". Dir fallen bestimmt selbst Möglichkeiten ein, wie du zum Thema Freizeitaktivitäten einen sinnvollen *mindwalk* durchführen könntest. Zur Orientierung findest du im Infokasten neben diesem Text noch einmal die Grundstruktur.

INFO Wortschatz erweitern

Step 1: Go on a **mindwalk.**
Step 2: Make a **mindmap.**
Step 3: **Complete** your mindmap.
Step 4: Write a **key.**
Step 5: **Use** the key.

Wenn du dem Prinzip folgst, zunächst bei dir selbst und deinen Erfahrungen und Fähigkeiten anzusetzen, könntest du in *step 1* z. B. von folgenden Vorstellungen ausgehen:

_____

It's a nice day, the sun is shining, no homework, lots of free time ... Where shall I go?

What shall I do? What are my friends doing? Where? When? ... What would I like to

do? ... But if it's raining outside ...?

_____

Oder du orientierst dich an einem für dich und deine Familie oder Freunde typischen Wochenende, dessen Ablauf du in Gedanken durchgehst. Das könnte so aussehen:

_____

It's Saturday morning. I get up late, have a shower, get dressed, and after breakfast ... .

In the afternoon I ... In the evening ...

_____

Überlege selbst, wie du einen *mindwalk* zu diesem Thema sinnvoll gestalten möchtest.

In *step 2* solltest du deine Gedanken zu Papier bringen. Je nach Verlauf deines *mindwalk* kannst du dich an Orten orientieren (den Orten, wo du Freizeitaktivitäten betreibst) oder an zeitlichen Abläufen (wenn du etwa ein Wochenende durchgegangen bist) oder auch bereits an abstrakteren Kriterien (wie z. B. *indoor* und *outdoor activities* oder *summer* und *winter).*

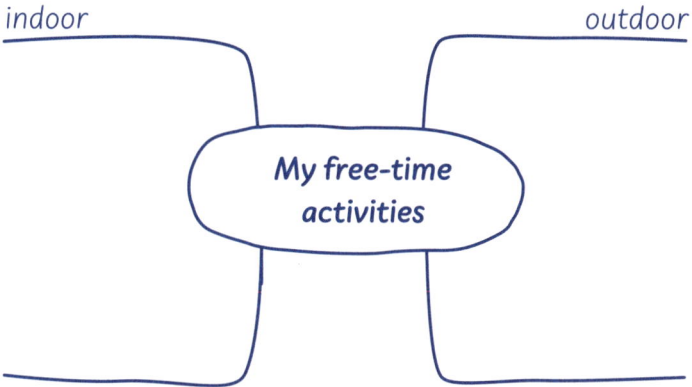

Da dein Gehirn Schwierigkeiten hat, einzelne Informationen dauerhaft zu speichern, d. h. zu „lernen", musst du ihm helfen, indem du Informationen in Zusammenhängen ordnest. Du kannst deinem Gehirn diesen Speichervorgang deutlich erleichtern, wenn du ihm mehrere Angebote machst. Das tust du, wenn du die „neuen" Wörter und Redewendungen – am besten mehrmals – umsortierst, also in andere Zusammenhänge bringst. Dazu solltest du dir deine Tabellen und Listen in den folgenden Tagen öfter ansehen und neu ordnen, etwa nach deinen persönlichen Vorlieben (unter den Überschriften *activities I like* und *activities I hate*) oder deinen Erfahrungen und Wünschen *(what I have done* und *what I would like to try)*. Durch das immer wieder neue Sortieren von Wortschatz lernst du Vokabeln ohne große Anstrengungen. Wenn du bei deiner Arbeit eine Software/App (vgl. Tipp S. 42) zur Erstellung von Mindmaps verwendest, ist das Umsortieren gar nicht so mühsam, wie es hier vielleicht aussieht.

In *step 3* ergänzt du dann deine Mindmap wie gewohnt mithilfe des Wörterbuchs um die Punkte, die dir nicht sofort auf Englisch eingefallen sind.
Je nach dem Verlauf deines *mindwalk* und der Form deiner Mindmap wird *step 4,* dein *key*, also das Sortieren der Aspekte, auch unterschiedlich ausfallen. Wenn du durch deine Map schon Vor-Sortierungen vorgenommen hast, wirst du dich natürlich auch daran orientieren. (Eine Möglichkeit wäre etwa, dass du Freizeitaktivitäten in einer Tabelle unter den Oberbegriffen *outdoor activities* und *indoor activities* ordnest).
In *step 5* solltest du versuchen, deine Tabelle zu erweitern. Eine Möglichkeit wäre, die Texte dieses Beispieltests durchzugehen und auf Aspekte hin zu **scannen**, die deine Tabelle ergänzen. Oder du kannst das Internet nutzen und Dinge einfügen, die du dort findest.

Zum Thema „Ferien" kannst du natürlich genauso vorgehen wie beim Thema „Freizeit". Es gibt aber auch viele andere Möglichkeiten: Du könntest z. B. eine imaginäre Weltreise machen oder an eine deiner letzten Ferienreisen denken und sie im Kopf nach-„gehen"; du könntest spekulieren, was du in den nächsten Ferien machen willst, oder du könntest eine Fantasiereise durch einen idealen Ferientag an einem idealen Ort machen. Du siehst, vieles ist hier denkbar, und eigentlich ist es egal, wie du an die Aufgabe herangehst. Wichtig ist, das zu berücksichtigen, was du in Bezug auf Wortschatzerweiterung schon gelernt hast: Bemühe dich, unterschiedliche Wortarten (Nomen, Verben, Adjektive) in den Blick zu nehmen und erleichtere deinem Gehirn das Speichern dieser Wörter dadurch, dass du sie in immer neue Zusammenhänge bringst.

Plane als Beispiel eine vierwöchige Reise durch Großbritannien.

Step 1: Where would you like to go? Why to these places? What would you like to do there?

First I'd like to visit London because _____ *. There I would go to* _____ *. Having a look*

at _____ *would be most interesting for me because* _____ *. Of course,*

I would go shopping in Wie hieß die Straße noch mal? *The next town to visit would be* _____

_____ *.*

Step 2: Schau dir die folgende Karte Großbritanniens an und markiere darin deine Reiseroute. Vielleicht fallen dir dabei ja noch weitere Orte oder Gegenden ein, die du gerne besuchen möchtest. Die kannst du gleich mit einbauen.

Step 3: Reorganisiere die Ideen aus deinem *mindwalk* in einer Tabelle, in der du den jeweiligen Orten die Gründe zuordnest, warum du dorthin fahren möchtest, und aufschreibst, was du tun willst. Schlage wie immer die Worte, die dir auf Englisch nicht einfielen, im Wörterbuch nach.

places	reasons	activities
London	*I like big cities, the multicultural atmosphere is interesting, …*	*visit …, go shopping, …*
…	…	

Nun kannst du dich mit der Checkliste für Test 3 beschäftigen:

CHECKLISTE für Test 3

1. **Zeit**		
Ich habe genug Zeit, um den Test an einem Stück durchzuarbeiten.		☐
Zeitvorgaben:		
Für die Hörverstehensaufgaben	20 Minuten	☐
Für die Leseverstehensaufgaben	_____ Minuten	☐
Für Wortschatz	_____ Minuten	☐
Schreiben insgesamt	_____ Minuten	☐
davon Lesen	_____ Minuten	
davon Teil 1	_____ Minuten	☐
davon Teil 2	_____ Minuten	☐
davon Teil 3	_____ Minuten	☐
Puffer für Überarbeitung	(10 Minuten)	
2. **Ort**		
Ich kann hier voraussichtlich ungestört arbeiten.		☐
3. **Arbeitsplatz**		
– Uhr		☐
– Schreibmaterialien		☐
– für die Hörverstehensaufgaben einen Zugang zum Internet und zur Seite finaleonline.de		☐
– und **sonst nichts!**		☐

Angeleiteter Test 3 – New places – new perspectives

Erster Prüfungsteil: Hörverstehen

Aufgabe 1: Hörverstehen Teil 1

"Are you gluing yourself to the street then?"

 **Track 8**

You are going to listen to a phone conversation between two friends, who discuss their opinions on what steps are necessary to solve environmental problems.

AUFGABEN

- First read the statements below.
- Then listen to the text and tick the correct answers.
- Watch out: sometimes more than one answer is correct.
- Listen to the text for a second time.

1 The girl, Alison, is happy that she can talk to her friend Pete because …
a) she hasn't talked to him in a long time. ☐
b) it is difficult to talk because of the time shift between London and New Zealand. ☐
c) Pete is always working, so she never catches him on the phone. ☐

2 Alison is in New Zealand …
a) for work. ☐
b) to take a trip. ☐
c) to get to know the culture of New Zealand. ☐

3 The group Pete has joined is called "Extinction Rebellion" and the aims are …
a) to increase people's awareness for environmental issues by, e.g., shutting down traffic with their protests. ☐
b) to convince politicians to act. ☐
c) to support people in areas affected by extreme weathers. ☐

4 The two friends …
a) want to meet in Westminster the next day to discuss the topic further. ☐
b) disagree on what form of protest is okay. ☐
c) agree that environmental problems need to be taken care of. ☐

5 Pete calls Alison selfish because …
a) she has gone on the trip without him. ☐
b) she has taken a car instead of a train when travelling. ☐
c) she doesn't care about the environment at all. ☐

6 Alison is convinced that most people find the protesters blocking roads …
a) annoying. ☐
b) inspiring. ☐
c) a weird idea. ☐

7 For Pete it is clear that …
a) shutting down traffic is a good idea to raise awareness. ☐
b) the glue he uses is good for the environment. ☐
c) he might be arrested. ☐

Aufgabe 2: Hörverstehen Teil 2

At the airport

 **Track 9**

Imagine you are travelling to the USA to start your job as an au pair with a family in Chicago. You have flown from Frankfurt and your aircraft has just landed safely at JFK airport in New York. You hear the following announcements, first on the aircraft and later in the airport building. Find out what you have to do.

AUFGABEN

- First read the tasks. You have three minutes to do this.
- Then listen to the announcements. There will be a short break after each announcement.
- Tick or fill in the correct answer to each question.
- Listen to the announcements a second time.

Announcement 1:

Now listen to the first part of the interview and find the correct answers.

1 I must keep my seat belt fastened until …
a) the aircraft has landed. ☐
b) the aircraft has reached its parking position. ☐
c) the seatbelt signs have been turned off. ☐

2 After leaving the plane I must …
a) pick up my luggage. ☐
b) proceed to immigration. ☐
c) open the overhead lockers. ☐

Announcement 2:

3 I must use lanes _____ because I am a _____

citizen.

4 I must present …
a) my boarding pass. ☐
b) my passport and my immigration card. ☐
c) my boarding pass and my passport. ☐

Announcement 3:

5 After collecting my luggage I must _____ .

6 I can collect my luggage from belt ...
a) no. 36. ☐
b) no. 26. ☐
c) no. 34. ☐

Announcement 4:

7 My connecting flight leaves from ...
a) gate B 24. ☐
b) gate B 27. ☐
c) gate B 29. ☐

Announcement 5:

Tick the correct answers:

	right	wrong
8. I must not leave my luggage unattended.	☐	☐
9. If I see an unattended piece of luggage, I must take it to a security officer.	☐	☐

LÖSUNGSHILFEN

Denk an die Tipps aus den vorangegangenen Tests.
Gehe die *three steps* sorgfältig durch (vgl. S. 27). Bei Aufgabe 1 handelt es sich um detailliertes Verstehen, bei Aufgabe 2 um selektives Verstehen. Wenn du die Ausgangssituation genau kennst, wirst du weniger Schwierigkeiten haben: Wichtig ist, dass du dir klarmachst, in welcher Rolle du bist, woher du kommst und wohin du willst. Mache dir dazu hier einige Notizen:

_____

_____

_____

Markiere die Antworten beim ersten Hören zunächst mit Bleistift. Wenn du an einer Stelle nicht ganz sicher bist, dann lass die Antwort offen und konzentriere dich auf die nächste Ansage. Beim zweiten Hören aller Ansagen weißt du dann genau, an welcher Stelle du besonders hinhören musst.

Zweiter Prüfungsteil: Leseverstehen – Wortschatz – Schreiben

Aufgabe 3: Leseverstehen

Maybe you remember what you learned about "Boxing Day", the day when rich families used to give presents to their servants. In the following short story by a famous New Zealand author, you are taken to that period: the Sheridans, a well-off family with two daughters, Laura and Jose, are hosting a big garden party for the "high society" of their town. Just before the party is about to start, Laura, the younger daughter, notices some excitement among the servants.

AUFGABEN

- Now read the text to get an overall idea.

The Garden Party   *Katherine Mansfield*

"What's the matter? What's happened?"

"There's been a horrible accident," said Cook. "A man killed."

"A man killed! Where? How? When?" [...]

5   "Know those little cottages just below here, miss?" Know them? Of course, she knew them. "Well, there's a young chap living there, name of Scott, a carter. His horse shied at a traction-engine, corner of Hawke Street this morning, and he was thrown out on the back of his head. Killed."

"Dead!" [...]

10   "Dead when they picked him up," [...] "He's left a wife and five little ones."

"Jose, come here." Laura caught hold of her sister's sleeve and dragged her through the kitchen to the other side of the green baize door. There she paused and leaned against it. "Jose!" she said, horrified, "however are we going to stop everything?"

15   "Stop everything, Laura!" cried Jose in astonishment. "What do you mean?"

"Stop the garden-party, of course." Why did Jose pretend?

But Jose was still more amazed. "Stop the garden-party? My dear Laura, don't be so absurd. Of course we can't do anything of the kind. Nobody expects us to. Don't be so extravagant."

20   "But we can't possibly have a garden-party with a man dead just outside the front gate."

That really was extravagant, for the little cottages were in a lane to themselves at the very bottom of a steep rise that led up to the house. A broad road ran between. True, they were far too near. They were the greatest possible eyesore,

25   and they had no right to be in that neighbourhood at all. They were little mean dwellings[1] painted a chocolate brown. In the garden patches there was nothing but cabbage stalks, sick hens and tomato cans. The very smoke coming out of their chimneys was poverty-stricken. Little rags and shreds of smoke, so unlike the great silvery plumes that uncurled from the Sheridans' chimneys.

30   Washerwomen lived in the lane and sweeps and a cobbler, and a man whose house-front was studded all over with minute[2] bird-cages. Children swarmed. When the Sheridans were little they were forbidden to set foot there because of the revolting language and of what they might catch. But since they were grown up, Laura and Laurie on their prowls[3] sometimes walked through. It

was disgusting and sordid. They came out with a shudder. But still one must 35
go everywhere; one must see everything. So through they went.

"And just think of what the band would sound like to that poor woman," said
Laura.

"Oh, Laura!" Jose began to be seriously annoyed. "If you're going to stop a
band playing every time someone has an accident, you'll lead a very strenu- 40
ous life. I'm every bit as sorry about it as you. I feel just as sympathetic." Her
eyes hardened. She looked at her sister just as she used to when they were
little and fighting together. "You won't bring a drunken workman back to life
by being sentimental," she said softly.

"Drunk! Who said he was drunk?" Laura turned furiously on Jose. She said, 45
just as they had used to say on those occasions, "I'm going straight up to tell
mother."

"Do, dear," cooed Jose.

"Mother, can I come into your room?" Laura turned the big glass door-knob.

"Of course, child. Why, what's the matter? What's given you such a colour?" 50
And Mrs. Sheridan turned round from her dressing-table. She was trying on
a new hat.

"Mother, a man's been killed," began Laura.

"Not in the garden?" interrupted her mother.

"No, no!"   55

"Oh, what a fright you gave me!" Mrs. Sheridan sighed with relief, and took
off the big hat and held it on her knees.

"But listen, mother," said Laura. Breathless, half-choking, she told the dreadful
story. "Of course, we can't have our party, can we?" she pleaded. "The band
and everybody arriving. They'd hear us, mother; they're nearly neighbours!" 60
To Laura's astonishment her mother behaved just like Jose; it was harder to
bear because she seemed amused. She refused to take Laura seriously.

"But, my dear child, use your common sense. It's only by accident we've heard
of it. If someone had died there normally – and I can't understand how they
keep alive in those poky little holes – we should still be having our party,
shouldn't we?"   65

Laura had to say "yes" to that, but she felt it was all wrong. She sat down on
her mother's sofa and pinched the cushion frill.

"Mother, isn't it terribly heartless of us?" she asked.

"Darling!" Mrs. Sheridan got up and came over to her, carrying the hat. Before
Laura could stop her she had popped it on. "My child!" said her mother, "the 70
hat is yours. It's made for you. It's much too young for me. I have never seen
you look such a picture. Look at yourself!" And she held up her hand-mirror.

"But, mother," Laura began again. She couldn't look at herself; she turned aside.
This time Mrs. Sheridan lost patience just as Jose had done.

"You are being very absurd, Laura," she said coldly. "People like that don't 75
expect sacrifices from us. And it's not very sympathetic to spoil everybody's
enjoyment as you're doing now."

"I don't understand," said Laura, and she walked quickly out of the room into
her own bedroom. There, quite by chance, the first thing she saw was this
charming girl in the mirror, in her black hat trimmed with gold daisies, and 80
a long black velvet ribbon. Never had she imagined she could look like that.
Is mother right? she thought. And now she hoped her mother was right. Am
I being extravagant? Perhaps it was extravagant. Just for a moment she had

another glimpse of that poor woman and those little children, and the body
85 being carried into the house. But it all seemed blurred, unreal, like a picture
in the newspaper. I'll remember it again after the party's over, she decided.
And somehow that seemed quite the best plan ...

Annotations:

1 dwellings: flats, little houses

2 minute: very small

3 prowls: wanderings

Quelle: Katherine Mansfield, *Selected Stories*, London and Oxford: Oxford Paperbacks, Oxford University Press, 1969, pp. 239–251, this excerpt pp. 244–247

LÖSUNGSHILFEN

In Zeile 7 kennst du vielleicht „carter" oder „shied" nicht – auch „traction engine" ist nicht sicher bekannt; hier hilft dir der Zusammenhang: Es geht um den tödlichen Unfall eines Mannes, der von einem Pferd fällt, weil dieses „shied" (das deutsche Wort „scheute" klingt ja ganz ähnlich) wegen des Lärms eines Motors (was genau für ein Motor dies war, ist für das Verständnis sicher nicht wichtig); und der Beruf des Mannes hat vielleicht etwas mit Pferden zu tun, ist aber auch nicht so wichtig. Von Bedeutung für die Geschichte ist ja nur, dass es sich um einen Mann aus der armen Bevölkerung, aus den „little cottages below" handelt.

In Zeile 12 zieht Laura ihre Schwester durch die Küche hinter eine „green baize door": hinter eine Tür also, was ja zum Verständnis ausreicht. Dass diese mit einem filzähnlichen Stoff bespannte und dadurch schalldichte Tür in herrschaftlichen Häusern die Dienerschaft von den Wohnräumen der Familie trennte, musst du nicht unbedingt wissen.

Das Wort „eyesore" in Zeile 24 besteht aus „eye" und „sore", die du ja wohl kennst; und wenn etwas den Augen weh tut, dann doch wohl, weil es so hässlich ist.

„Washerwomen", „sweeps" und „cobbler" in Zeile 30 sind ja wohl Bezeichnungen für Berufe; „washerwomen" kannst du sicherlich erschließen, und bei den anderen ist ja aus dem Zusammenhang heraus deutlich, dass es sich ebenfalls um einfache, schlecht bezahlte Tätigkeiten handeln muss – mehr brauchst du nicht zum Verständnis.

Den Ausdruck „what they might catch" in Zeile 33 kannst du wörtlich verstehen; „was sie sich fangen könnten" verdeutlicht die Vorurteile der Eltern gegenüber der armen Bevölkerung: Wer arm ist und in schäbigen Hütten lebt, nimmt es doch sicher auch mit der Hygiene nicht so genau ...

Der Ausdruck „you look such a picture" entspricht dem deutschen Adjektiv „bildschön".

AUFGABEN

- Now do the following tasks.
- Tick the correct box and give evidence from the text.

1 The man who died in the accident was a husband and father.

true ☐
false ☐

Evidence from the text:

_____

2 The man died on the way to hospital.

true ☐
false ☐

Evidence from the text:

_____

3 The accident happened just outside the front gate of the Sheridans' house.

true ☐
false ☐

Evidence from the text:

_____

4 Laura thinks the party must be stopped because …

a) the servants would refuse to work. ☐
b) the family of the dead man would hear the music from the party. ☐
c) their guests would think badly about them. ☐

Evidence from the text:

_____

5 As kids, Laura and Jose used to play with the children from the village.

true ☐
false ☐

Evidence from the text:

_____

6 Jose says: "I feel just as sympathetic." Do you think that is

true ☐
false ☐

Evidence from the text:

_____

7 Mrs Sheridan has bought a new hat for Laura.

true ☐

false ☐

Evidence from the text:

_____

8 Mrs Sheridan doesn't share Laura's worries.

true ☐

false ☐

Evidence from the text:

_____

9 In the end Laura changes her mind because …

a) her mother convinced her with good arguments. ☐

b) her mother cleverly used her vanity. ☐

Aufgabe 4: Wortschatz

In times of growing environmental concern, social inequality, and increasingly frequent crises in production and distribution due to climate change, pandemic, and war, the problem of food transport, storage, and wastage in the post-industrialized countries has been drawing attention. Numerous initiatives try to tackle the issue. What can be done?

TIPP

Erinnere dich noch einmal daran, was bei so einer Wortschatzübung helfen kann:

1. Selbst, wenn du nicht alle vorgeschlagenen Wörter kennst, vielleicht kennst du ähnliche Wörter oder Wörter in anderen Sprachen, die dir helfen können.
2. Kreuze bei den Auswahlmöglichkeiten auf jeden Fall eine Möglichkeit an, du kannst hier nur Punkte gewinnen!
3. Achte auf die „Umgebung" deiner Lösung: Passt das nachfolgende/vorausgehende Wort bzw. der vorausgehende und nachfolgende Satz dazu?

AUFGABEN

- Fill in suitable words or tick the correct box.
- Give only one solution.

1 An article in the English newspaper "The Guardian" claims that 1.2bn pounds worth of fruit, vegetables and bread is _____ by British consumers who partly say they do not know what to cook with it.

a) thrown away ☐

b) eaten ☐

c) cooked ☐

d) liked ☐

2 Certainly, each part of the food production process, i.e. production, transport, shops and consumers should _____ and aim at reducing its part of the emissions.

a) bid a high price ☐
b) lose its bearings ☐
c) do its share ☐
d) scratch its plans ☐

3 Many people feel _____ about binning that much food and that is why supermarkets as well as environmental groups try to present ideas to use the food which has already been bought.

4 As many people generally want to reduce their carbon _____ , not wasting food is one of the easiest ways to do so.
a) food ☐
b) footprint ☐
c) feelings ☐
d) fatality ☐

5 Many initiatives try to help the consumer. Some supermarkets give out recipes that include vegetables that are often thrown away to _____ this problem and show cheap ways to create a healthy meal.

6 In addition, there are lots of apps to install on one's mobile to get _____ about saving the food of others as well as the products you have at home.

7 The app "Too Good To Go" has been launched in several countries. It is used (among others) by restaurants to _____ food that has not been sold yet and can therefore be bought for a small price.
a) buy ☐
b) offer ☐
c) purchase ☐
d) arrange ☐

8 But there are also apps that allow you to _____ your food storage at home by tracking what food you have in store and when it is no longer good to eat.
a) focus ☐
b) look ☐
c) bear ☐
d) monitor ☐

9 Other apps already confront you with your _____ on the environment when you are about to buy something at the store. When scanning the bar code of the item you want to buy you get information on how sustainable this product is.

10 Of course it is obvious that reducing food waste is just one part of living a sustainable and _____ life, many other aspects of consumption like clothes, travelling and transport need to be taken into consideration, too.
a) deeply ☐
b) eco-friendly ☐
c) comfortable ☐
d) amicable ☐

Aufgabe 5: Schreiben

International Day of the World's Indigenous Peoples

The International Day of the World's Indigenous Peoples on 9 August is a day to promote indigenous peoples' rights and celebrate indigenous communities, from the Inuit in the Arctic to the Tuareg in the deserts of northern Africa and the Maori in New Zealand.

AUFGABEN

1 **Pre-reading activity**

Match the definitions (a–h) with the vocabulary (1–8) **before** reading the article.

Vocabulary	Definition
1. _____ an ancestor	a. an official person or group that speaks and acts for someone else
2. _____ surroundings	b. cutting down a large number of trees
3. _____ deforestation	c. a unit for measuring area
4. _____ dominant	d. a member of your family who lived in past times
5. _____ to conquer	e. bigger, more powerful or more successful
6. _____ to colonise	f. to take control of foreign land by force
7. _____ an acre	g. the things and places around you
8. _____ representation	h. to send people to live in and rule another country

2 Now read the article (adapted from https://learnenglish.britishcouncil.org/general-english/magazine-zone/international-day-worlds-indigenous-peoples) and do the exercises.

International Day of the World's Indigenous Peoples

Since 1994 the UN has celebrated the International Day of the World's Indigenous Peoples on 9 August with special events, conferences and meetings around the world.

Who are the indigenous peoples of the world?
Indigenous people are the first people to live in a particular place – the original population that first created a community on that land before other people came to live in, conquer or colonise the area. People self-identify as indigenous. That means they decide for themselves whether they consider themselves to 5
be indigenous.
There are more than 350 million indigenous people living in 90 countries. They represent 5,000 different cultures and speak the great majority of the thousands of languages that are spoken around the world today. Indigenous communities often have distinct beliefs, culture and customs. Many indigenous 10
people still live in very close contact with the land, with a respect for and understanding of their natural surroundings.

What challenges do they face?
Indigenous peoples are not the dominant groups in the societies they live in. The dominant groups are the people that arrived later. This means that 15
indigenous peoples have suffered from many problems related to a lack of economic power, social protection and political representation.
Although indigenous people make up less than five per cent of the world's total population, they represent 15 per cent of the world's poorest people. They are more likely to have limited access to healthcare and education, and 20
members of indigenous communities live shorter lives than non-indigenous groups. Their languages are not normally taught in schools, and many of these languages are in danger of disappearing. It is estimated that one indigenous language is lost every two weeks.
Many indigenous peoples do not have control over their land. Governments 25
and companies take their land to cut down trees, to farm cows or for other activities that use these natural resources and damage the environment. This often forces indigenous people to leave their land, losing their ancestral homes and their source of wealth and food.

What has been done? 30
Recently, in New Zealand, one of the local Maori tribes won a legal battle to protect the river that runs through their land. The new law protects the river as if it were a person, a Maori ancestor or a member of the tribe. Another historic legal battle was won by the Waorani people of Ecuador, when they successfully stopped 500,000 acres of Amazonian rainforest from being mined 35
by oil companies.
Making sure indigenous peoples have legal rights over their land and resources is a matter of human rights. It also brings environmental benefits to the planet. Deforestation rates in Bolivia, Brazil and Colombia were two to three times lower in forests officially belonging to indigenous communities. 40
Progress made by indigenous communities is supported by the 2007 UN Declaration on the Rights of Indigenous Peoples, a document that has been agreed on by 148 countries.

Importantly, the declaration defends indigenous peoples' right to make de-
45 cisions about the use and protection of their ancestral land. It also sets out
many rights, including indigenous peoples' rights to education and healthcare,
participation in political and legal processes and the protection of indigenous
languages.

What more needs to be done?

50 Despite the progress made, indigenous communities still legally own only a
very small percentage of their land globally. The UN document is an important
step, but more countries need to commit to it, and the countries that have
signed need to do what they have promised. All around the world, indigenous
people are fighting for their rights, as well as protesting against deforestation
55 and climate change. Part of the movement to support them is the celebration
of the International Day of the World's Indigenous Peoples on 9 August. Why
not join in?

Task 1

Are the following statements true or false?

	true	false
1. Indigenous people are the first people who lived in a place.	☐	☐
2. Indigenous people live in very few countries of the world.	☐	☐
3. Many indigenous peoples have problems related to not being the powerful group in society.	☐	☐
4. Some indigenous languages have been lost because no one knows how to speak them any more.	☐	☐
5. Many indigenous peoples have lost their homes because governments and companies take their land.	☐	☐
6. There is no legal protection for indigenous peoples in New Zealand or Ecuador.	☐	☐
7. Fewer trees are cut down in areas owned by indigenous communities.	☐	☐
8. The UN document on the rights of indigenous peoples has completely changed the lives of indigenous people all over the world.	☐	☐

Task 2

Complete the sentences with the correct word.

1. Indigenous people have a right to live on the land that belonged to their _____ .

2. Climate change and the loss of indigenous peoples' land are consequences of _____ in the Amazon.

3. It is important for indigenous communities to have legal and political _____ .

4. The UN estimates that we are losing more than 80,000 _____ of rainforest every day.

5. Many indigenous people have a lot of knowledge about their natural _____ .

6. In 2007 the UN created a _____ of indigenous peoples' rights.

7. Protecting indigenous peoples' rights also brings environmental _____ for the planet.

8. Action needs to be taken to make sure that indigenous people have equal access to education and _____ .

Task 3
You have a choice:

Option A
• Why is the celebration of an International Day of the World's Indigenous People important?

Option B
• What actions can your school community take in order to raise awareness of the needs of these population groups mentioned in the text? Write a letter to your headmaster and try to convince her/him that your school should be part of the movement to support/pay tribute to the indigenous communities of the world.

Write at least 120 words.

LÖSUNGSHILFEN

Schreibe deine Texte auf ein Extrablatt.

Aktiviere zunächst dein Vorwissen, indem du die englische Begriffe den entsprechenden Definitionen zuordnest. Nun wird dir das Lesen und Verstehen des Textes leichter fallen.

Lösungshilfe zu Task 1: Lies dir die Aussagen genau durch und überprüfe die entsprechende Textstelle, die deine Entscheidung für *true* oder *false* unterstützt.

Lösungshilfe zu Task 2: Bearbeite diese Aufgabe am besten direkt im Anschluss an die vorige. Mit welchen, bereits in den vorangegangenen Aufgaben eingeübten Wörtern und Begriffen, lassen sich die Lücken sinnvoll schließen?

Lösungshilfe zu Task 3: Für welche Aufgabe entscheidest du dich und warum?

Nun schreibe deinen Text.

Test 3 – Auswertung

Zeitplanung

Leg dir zunächst wieder Rechenschaft darüber ab, wie du mit der Zeit – insbesondere bei der Schreibaufgabe – zurechtgekommen bist. Fülle dazu wie gewohnt die Tabelle aus:

Prüfungsteil	deine Zeitvorgabe (Minuten)	benötigte Zeit
1–2: Hörverstehen		
3: Leseverstehen		
4: Wortschatz		
5: Schreiben 1. Aufgabe		
2. Aufgabe		
3. Aufgabe		
Schreiben gesamt		
Zeitpuffer		
(2. Teil insgesamt)	(100)	
Test insgesamt	**120**	

Lösungen auswerten

Jetzt solltest du deine Feststellungen wieder notieren:

Das ist mir gut gelungen: _____

_____

_____

_____

_____

_____

Das war schwierig für mich: _____

_____

_____

_____

_____

Bevor du nun an die Planung für Test 4 gehst, den du jetzt wirklich innerhalb der vorgesehenen 120 Minuten schaffen solltest, ist es sicherlich sinnvoll, wenn du einen Blick darauf wirfst, wie bei der ZP die Testaufgaben bewertet werden. Dann ist es auch leichter für dich, zu entscheiden, welche Testaufgaben du besonders sorgfältig bearbeiten solltest, wenn du nicht sicher bist, ob du wirklich alle in der vorgesehenen Zeit schaffen kannst.

Bewertung

Erster Prüfungsteil: Hörverstehen

Vergleiche bitte zunächst deine Lösungen zum Hörverstehensteil mit den Angaben im Lösungsheft und gib dir die entsprechenden Punkte gemäß der folgenden Listen.

- Für jede inhaltlich richtige Antwort gibt es die vorgegebene Punktzahl.
- Sprachliche Verstöße führen nicht zum Punktabzug. Solange der Sinn der Antwort unmissverständlich ist, gilt diese selbst bei mehreren sprachlichen Verstößen als richtig. Nur wenn die Verständlichkeit nicht mehr gegeben ist, darfst du dir keine Punkte geben.

Aufgabe 1: Hörverstehen Teil 1 *(Some basic facts about NZ)*

Aufgabe	richtige Lösung	mögliche Punkte
1	b	1
2	c	1
3	b	1
4	b	1
5	British territory / a British colony	1
6	English and Scottish people	2
7	b	1
8	the All Blacks	1
Gesamtpunktzahl		**9**

Aufgabe 2: Hörverstehen Teil 2 *(At the airport)*

Aufgabe	richtige Lösung	mögliche Punkte
1	c	1
2	b	1
3	5 – 7 (EU) or 8 – 10 (non-EU)	1
4	b	1
5	proceed through customs	1
6	a	1
7	b	1
8	right	1
9	wrong	1
Gesamtpunktzahl		**9**

Zweiter Prüfungsteil: Leseverstehen – Wortschatz – Schreiben
Aufgabe 3: Leseverstehen *(The Garden Party)*

Beim Leseverstehen gilt im Prinzip dasselbe wie beim Hörverstehen.
- Für jede inhaltlich richtige Antwort gibt es die vorgegebene Punktzahl. Jeweils die Hälfte der Punkte bekommst du für die richtige Lösung, etwa bei *true/false*. Die andere Hälfte bekommst du, wenn du die passende Textstelle angegeben hast (also bei Aufgabe 1 jeweils 0,5 Punkte und bei Aufgabe 3 jeweils 1 Punkt).
- Sprachliche Verstöße führen auch hier nicht zum Punktabzug.

Aufgabe	richtige Lösung	mögliche Punkte
1	true Evidence: left a wife and five kids	1
2	false Evidence: died when they picked him up	1
3	false Evidence: the little cottages were in a lane to themselves at the very bottom of a steep rise that led up to the house / a broad road ran between ...	2
4	b) Evidence: just think of what the band would sound like to that poor woman	2
5	false Evidence: they were forbidden to set foot there	1
6	false Evidence: Her eyes hardened. / She looked at her sister just as she used to when they were little and fighting together.	2
7	false Evidence: She was trying on a new hat (so the hat was for herself)	2
8	true Evidence: She seemed amused / She refused to take Laura seriously.	2
9	b) Evidence: Never had she imagined she could look like that / she hoped her mother was right.	2
Gesamtpunktzahl		**15**

Aufgabe 4: Wortschatz *(Food Waste)*

Auch bei der Wortschatzaufgabe ist die Bewertung recht einfach. In der ZP hat dein Lehrer oder deine Lehrerin es nicht ganz so leicht, denn dort wird mit Bewertungseinheiten für Inhalt und Sprache gearbeitet, die dann in Punkte umgerechnet werden. Für deine Zwecke solltest du dir aber wieder einfach die entsprechenden Punkte für eine richtige Antwort geben.

Aufgabe	richtige Lösung	mögliche Punkte
1	a	0,5
2	c	0,5
3	guilty/bad	1,5
4	b	0,5
5	solve/tackle/reduce	1,5
6	tips/information	1,5
7	b	0,5
8	d	0,5
9	impact	1,5
10	b	0,5
Gesamtpunktzahl		**9**

Aufgabe 5: Schreiben *(Indigenous Peoples)*

Bei der Schreibaufgabe musst du versuchen, ehrlich einzuschätzen, inwieweit deine Texte die Kriterien erfüllen. Besser ist es auf jeden Fall, wenn eine andere Person diese Einschätzung vornimmt. Zu einem vollständig sicheren Ergebnis wirst du nicht kommen können, aber du kannst zumindest grob einschätzen, wie du im Ernstfall abgeschnitten hättest und wo du Punkte verloren hast.
Bewertet wird zunächst die **inhaltliche** Leistung. Für die drei Teilaufgaben kannst du insgesamt 36 Punkte erreichen. Vergleiche deine Lösungen nun mit den Vorschlägen im Lösungsheft und gib dir Punkte, wenn du glaubst, inhaltlich ungefähr das gesagt zu haben, was du auch dort vorfindest.
Achtung: Die Punkte kannst du dir unabhängig von der sprachlichen Qualität geben, d.h. wenn deine Lösung inhaltlich ungefähr so ist wie im Lösungsvorschlag, dann kannst du dir die Punkte geben. Für jede Teilaufgabe kannst du bis zu zwölf Punkten vergeben.

Teilaufgabe	mögliche Punkte	erreichte Punkte
1	12	
2	12	
3	12	

Hinzu kommen jetzt Punkte für die sogenannte **kommunikative Textgestaltung**, das **Ausdrucksvermögen** und die **sprachliche Korrektheit**. Wie bereits vorgeschlagen, solltest du deine Lösung am besten einer anderen Person zeigen, die dir auch Punkte geben sollte. Ansonsten musst du versuchen, dich selbst einzuschätzen. Bei der ZP gelten dafür folgende Kriterien, die du berücksichtigen solltest:

a) Kommunikative Textgestaltung

	Anforderung	maximale Punktzahl
	Der Prüfling …	
1	erstellt durchgängig verständliche und flüssig lesbare Texte.	6
2	stellt die einzelnen Gedanken sinnvoll geordnet und ohne unnötige Wiederholungen dar.	6

b) Ausdrucksvermögen/Verfügbarkeit von sprachlichen Mitteln

	Anforderung	maximale Punktzahl
	Der Prüfling …	
1	löst sich in seinen Formulierungen vom Ausgangstext, indem er eigene Formulierungen und Satzmuster verwendet bzw. den Wortschatz des Ausgangstextes in eigene Formulierungen angemessen integriert.	6
2	bedient sich eines angemessenen allgemeinen und thematischen Wortschatzes bedient sich der Redemittel der Argumentation und Meinungsäußerung.	6
3	bildet auch komplexere Sätze (z. B. Haupt- und Nebensatz) und variiert den Satzbau.	3

c) Sprachliche Korrektheit

Rechtschreibung		
0 Punkte	1 – 2 Punkte	3 Punkte
In jedem Satz ist wenigstens ein Verstoß gegen die Regeln der Rechtschreibung feststellbar. Die falschen Schreibungen erschweren das Lesen und Verstehen des Textes durchweg und verursachen Missverständnisse.	Es sind durchaus Rechtschreibfehler feststellbar. Jedoch sind Abschnitte bzw. Textpassagen (mehrere Sätze in Folge) weitgehend frei von Verstößen gegen die Regeln der Rechtschreibung. Das Lesen und Verstehen des Textes wird durch die auftretenden Rechtschreibfehler nicht wesentlich beeinträchtigt.	Der gesamte Text ist weitgehend frei von Verstößen gegen Rechtschreibnormen. Wenn Rechtschreibfehler auftreten, haben sie den Charakter von Flüchtigkeitsfehlern, d.h. sie deuten nicht auf Unkenntnis von Regeln hin.
In jedem Satz ist wenigstens ein Verstoß gegen die Regeln der Rechtschreibung feststellbar. Die falschen Schreibungen erschweren das Lesen und Verstehen des Textes durchweg und verursachen Missverständnisse.	Es sind durchaus Rechtschreibfehler feststellbar. Jedoch sind Abschnitte bzw. Textpassagen (mehrere Sätze in Folge) weitgehend frei von Verstößen gegen die Regeln der Rechtschreibung. Das Lesen und Verstehen des Textes wird durch die auftretenden Rechtschreibfehler nicht wesentlich beeinträchtigt.	Der gesamte Text ist weitgehend frei von Verstößen gegen Rechtschreibnormen. Wenn Rechtschreibfehler auftreten, haben sie den Charakter von Flüchtigkeitsfehlern, d.h. sie deuten nicht auf Unkenntnis von Regeln hin.

In jedem Satz ist wenigstens ein Verstoß gegen die Regeln der Rechtschreibung feststellbar. Die falschen Schreibungen erschweren das Lesen und Verstehen des Textes durchweg und verursachen Missverständnisse.	Es sind durchaus Rechtschreibfehler feststellbar. Jedoch sind Abschnitte bzw. Textpassagen (mehrere Sätze in Folge) weitgehend frei von Verstößen gegen die Regeln der Rechtschreibung. Das Lesen und Verstehen des Textes wird durch die auftretenden Rechtschreibfehler nicht wesentlich beeinträchtigt.	Der gesamte Text ist weitgehend frei von Verstößen gegen Rechtschreibnormen. Wenn Rechtschreibfehler auftreten, haben sie den Charakter von Flüchtigkeitsfehlern, d.h. sie deuten nicht auf Unkenntnis von Regeln hin.

Grammatik			
0 Punkte	**1–2 Punkte**	**3–4 Punkte**	**5–6 Punkte**
In jedem Satz ist wenigstens ein Verstoß gegen die Regeln der grundlegenden Grammatik des einfachen Satzes feststellbar. Diese Verstöße erschweren das Lesen und Verstehen des Textes erheblich und verursachen Missverständnisse.	Einzelne Sätze sind frei von Verstößen gegen die Regeln der grundlegenden Grammatik des einfachen Satzes. Fehler treten allerdings nicht so häufig auf, dass das Lesen und Verstehen des Textes beeinträchtigt wird.	Es sind vereinzelt Verstöße gegen die Regeln der grundlegenden Grammatik des einfachen Satzes feststellbar. Jedoch sind Abschnitte bzw. Textpassagen (mehrere Sätze in Folge) weitgehend fehlerfrei. Das Lesen und Verstehen des Textes wird durch die auftretenden Grammatikfehler nicht erschwert.	Der Text ist weitgehend frei von Verstößen gegen die Regeln der grundlegenden Grammatik. Wenn Grammatikfehler auftreten, betreffen sie den komplexen Satz und sind ein Zeichen dafür, dass der Prüfling Risiken beim Verfassen des Textes eingeht, um sich dem Leser differenziert mitzuteilen.

103

Wortschatz			
0 Punkte	**1 – 2 Punkte**	**3 – 4 Punkte**	**5 – 6 Punkte**
In (nahezu) jedem Satz sind Schwächen im korrekten und angemessenen Gebrauch der Wörter feststellbar. Die Mängel im Wortgebrauch erschweren das Lesen und Verstehen des Textes erheblich und verursachen Missverständnisse.	Einzelne Sätze sind frei von lexikalischen Verstößen. Der Wortgebrauch ist jedoch nicht so fehlerhaft, dass das Lesen und Verstehen des Textes beeinträchtigt wird.	Vereinzelt ist eine falsche bzw. nicht angemessene Wortwahl feststellbar. Einzelne Abschnitte bzw. Textpassagen (mehrere Sätze in Folge) sind weitgehend frei von lexikalischen Verstößen.	Der Wortgebrauch (Struktur- und Inhaltswörter) ist über den gesamten Text hinweg treffend und angemessen.

http://www.standardsicherung.schulministerium.nrw.de

Du siehst: Die korrekte Bewertung ist hier gar nicht so einfach. Für deine Zwecke sollte es aber ausreichen, wenn du dir eine zumindest annähernde Orientierung darüber verschaffst, mit welchem Erfolg du bisher gearbeitet hast. Du kannst jetzt die Punkte für die verschiedenen Testteile addieren und überprüfen, welche Bewertungsnote du erreicht hättest:

Übersicht über die Punkteverteilung

Aufgabe	Teilaufgabe	mögliche Punkte	erreichte Punkte
1 – 3: Hör-/ Leseverstehen		33	
4: Wortschatz		9	
6: Schreiben			
	Inhalt Teil 1	12	
	Inhalt Teil 2	12	
	Inhalt Teil 3	12	
	Kommunikative Textgestaltung	12	
	Ausdrucksvermögen	15	
	Korrektheit	15	
	Gesamtpunkte	**120**	

Aus deinen erreichten Punkten kannst du jetzt mithilfe dieser **Notentabelle** eine Note ableiten:

104 – 120 Punkte	sehr gut
88 – 103 Punkte	gut
71 – 87 Punkte	befriedigend
54 – 70 Punkte	ausreichend
22 – 53 Punkte	mangelhaft
0 – 21 Punkte	ungenügend

Und? Wie hast du abgeschnitten? Es gibt ja eigentlich nur eine realistische Möglichkeit (Die theoretisch denkbare Möglichkeit, dass dein Ergebnis „mangelhaft" oder gar „ungenügend" lautet, können wir wohl ausschließen, wenn du dieses Buch bisher wirklich gründlich bearbeitet hast!): Dein Ergebnis ist mittelmäßig oder sogar gut. Wir als Autoren haben deshalb lange überlegt, ob wir die Bewertung überhaupt aufnehmen sollten. Wir haben uns dafür entschieden, weil wir glauben, dass du ein Recht darauf hast, die Bewertungskriterien zu kennen. So kannst du dich darauf einstellen. Zieh aber nicht die falschen Schlussfolgerungen! Wenn du bei diesem Testbeispiel gut abgeschnitten hast, dann ist das zwar ein gutes Zeichen, bedeutet aber nicht, dass dies jetzt automatisch auch bei der ZP der Fall sein wird. Es geht dort ja nicht unbedingt um dieselben Themen. Arbeite also in deinem eigenen Interesse auch die letzten Beispieltests gründlich durch. Wenn du möchtest, kannst du deine Lösungen auch dort wieder in ein Punktesystem übertragen, um einen Eindruck davon zu gewinnen, wie dein Ergebnis im Ernstfall ausgesehen hätte.

Wichtiger ist an dieser Stelle, dass du dir deine Ergebnisse bei den einzelnen Aufgaben noch einmal genau ansiehst und mit der Zeitplanung abgleichst. Wo hast du viel Zeit aufgewendet und trotzdem vergleichsweise wenige Punkte erreicht? Wo hättest du leicht mehr Punkte erreichen können, wenn du dir mehr Zeit dafür genommen hättest?

Die Ergebnisse deiner Überlegungen solltest du jetzt wie gewohnt für die Planung von Test 4 nutzen.

Darauf möchte ich beim nächsten Test genauer achten:

_____

_____

_____

_____

_____

_____

_____

_____

_____

_____

_____

Vorschläge zur Wortschatzerweiterung

Durchgängiges Thema in Test 3 sind multikulturelle Aspekte. Im Gegensatz zu den ersten beiden Tests handelt es sich hier also um ein eher abstraktes Thema. Das bedeutet: Du kannst dieses Mal keinen **mindwalk** in einer konkreten Umgebung wie in einem Gebäude oder auf einer Landkarte machen, sondern musst dich dem Thema auf einer abstrakteren Ebene nähern, wie etwa bei dem Beispiel *British Monarchy* aus Kapitel A 5 „Wortschatzerweiterung – Wortfelder" (S. 41f.). Hier findest du einige Vorschläge für mögliche Abwandlungen des Prinzips.

Step1: Ein möglicher Weg, deinen **mindwalk** zu beginnen, wäre wieder, von dir selbst und deinen Erfahrungen auszugehen: *Living in another country – do I know people who do this, maybe in my class at school, some of my friends? What do I know about them? Where do they come from? Why are they here? Are they "different" in any way (clothes, appearance, customs, …)? What are their problems? …*
Solltest du, was sehr unwahrscheinlich ist, keinerlei Kontakt zu Menschen mit anderem kulturellen Hintergrund haben, kannst du vielleicht auch versuchen, dir selbst vorzustellen, dass du in einem anderen Land lebst, also etwa: *Living in another country – which one? Why would I go there? Would I have any problems there (language, customs, etc.)?*
Oder du begibst dich gedanklich direkt in die USA, wenn du aus dem Unterricht bereits genug darüber weißt. Denkbar wären folgende Fragestellungen: *What does it mean to say that the USA is a multicultural country?, "Multicultural" means many cultures. Where do the people come from?, Do they keep to themselves, live in special areas? Can I see that there are people from different cultures (skin colour, clothes, shops, restaurants …)? How do the cultures and races get along with each other? …*
Wenn du dich dem Thema auf diese Weise näherst, wirst du wahrscheinlich weitaus mehr Lücken feststellen. Andererseits bist du bereits auf einer Ebene, auf der du dich unter Umständen in einer Prüfung mit dem Thema auseinandersetzen sollst.
Es gibt, wie du siehst, zahlreiche Möglichkeiten, dich an Wortschatz zu erinnern. Welchen Weg du gehst, musst du selbst entscheiden.

Step 2: Wieder solltest du eine sinnvolle Form wählen, wie du deine Gedanken notieren und grob ordnen kannst. Wahrscheinlich ist als erster Schritt wieder die Form einer Mindmap angemessen. Egal wie du an das Thema herangegangen bist, du musst notieren, was dir eingefallen ist. Hier ein Beispiel zum Ausprobieren:

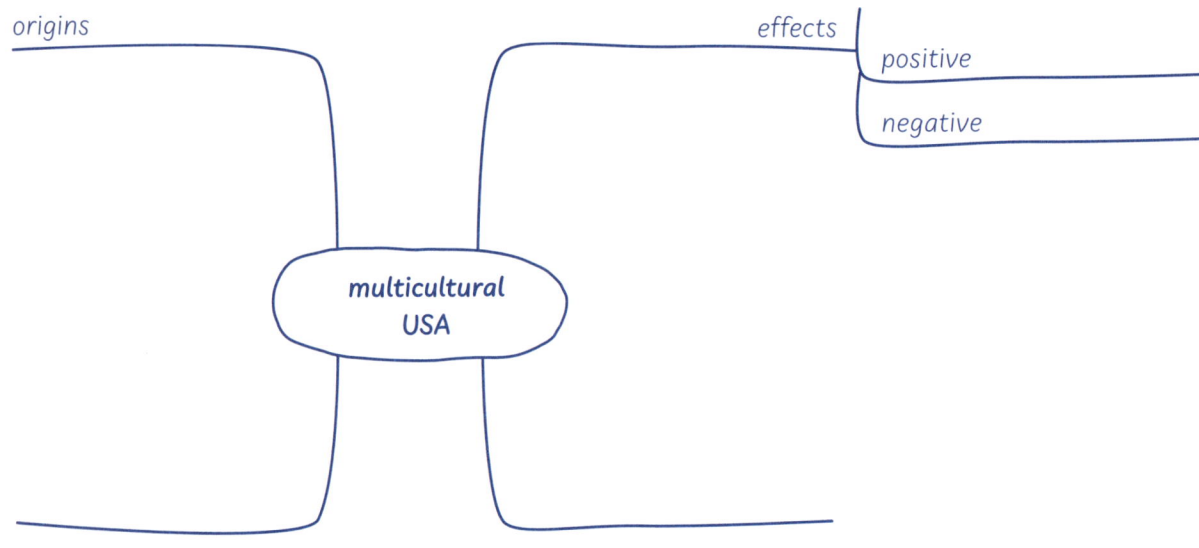

Step 3: Nutze dein Wörterbuch für die Begriffe, die du nicht auf Englisch formulieren konntest.

Step 4: Es geht nun um Ordnung und Organisation deiner Ideen. Verbinde also in deiner Mindmap Aspekte, die zusammengehören, oder, wenn du am Computer arbeitest, sortiere sie gleich um, sodass sie eine Gruppe bilden. Den Oberbegriff findest du wahrscheinlich schnell – möglicherweise helfen die in *step 1* erwähnten Fragen, falls du dich an ihnen orientiert hast. So könnten Kategorien entstehen wie: *Which cultures?/Historical aspects/Immigration/Problems*. Am Computer kannst du dann die Mindmap gleich umgestalten, indem du Äste zusammenführst und unter die Oberbegriffe stellst. Wenn du die Mindmap mit der Hand gezeichnet hast, legst du am besten wieder eine Tabelle an, um diese Ordnung deutlich zu machen.

Step 5: Es geht nun noch darum, weiteres nützliches Vokabular zum Thema zu sammeln und zu lernen. Wenn du dir deine Mindmap oder Tabelle noch einmal ansiehst und dabei vor allem auf die Oberbegriffe achtest, fallen dir eventuell auch noch weitere Aspekte ein, mit deren Hilfe du ergänzen kannst. Wenn dir nichts mehr einfällt, schau in dein Lehrbuch (Das Thema USA und „Immigration" kommt dort sicherlich vor!) oder benutze die Texte aus Test 3 und **scanne** sie daraufhin, ob sich dort weitere Punkte zur Ergänzung deiner Tabelle finden lassen. Achte auch auf Formulierungen von Aspekten, die du vielleicht bereits selbst gefunden hast – es kann gut sein, dass diese Aspekte in den Texten besser ausgedrückt wurden (siehe dazu auch den **Tipp** unten auf dieser Seite).
Eine Recherche im Internet kann auch helfen, obwohl du bei diesem Thema oft auf sehr abstrakte und sprachlich sehr schwierige Beiträge stoßen wirst. Wenn du etwa, wie in Kapitel A 5 „Wortschatzerweiterung" (S. 40) empfohlen, in Wikipedia zum Thema „Immigration USA" suchst, findest du einen sehr langen und schwierigen Artikel, mit dem du vermutlich überfordert bist. Wenn du aber dem Beispiel zu dem Artikel über Smartphones folgst und dir vorher klarmachst, was genau du suchst, dann kannst du die Unterüberschriften dort scannen und gelangst sicher schnell zum Abschnitt ***problems***. Darin findest du bestimmt Ideen und Ausdrücke, die dir helfen können.

> **TIPP**
>
> Du solltest nach Formulierungen suchen, nicht nach einzelnen Wörtern! Möglicherweise hast du bei diesem Themenbereich vorwiegend (oder sogar ausschließlich?) Nomen gesammelt. Mit Nomen allein kannst du aber keine Sätze bilden. Aus Test 1 und 2 weißt du, dass Verben genauso wichtig sind. Ergänze deine Listen also mit den Verben, die dir in den jeweiligen Kategorien einfallen. Überprüfe auch, ob die Nomen, die du gesammelt hast, eventuell häufig mit bestimmten Verben zusammen gebraucht werden, egal ob deutsch oder englisch. Wenn du im Deutschen typische Nomen-Verb-Verbindungen findest, überprüfe mit einem Wörterbuch, wie die Verbindung im Englischen funktioniert. Manchmal werden solche Verbindungen in den Sprachen gleich verwendet, z. B. entspricht „to create a better life for somebody" ziemlich gut dem deutschen „jemandem ein besseres Leben schaffen". Andererseits sagen wir im Deutschen „jemanden diskriminieren", während es im Englischen „to discriminate **against** somebody" heißt.

Folge den Hinweisen aus den vorangegangenen Tests und versuche, das, was du hier zusammengestellt hast, öfter anzuschauen, eventuell neu zu gliedern oder – die beste Lösung! – möglichst häufig anzuwenden, sei es mündlich und/oder schriftlich in der Schule oder aber in sonstigen Zusammenhängen. Wenn du so vorgehst, wird das neu hinzugewonnene Vokabular auch wirklich dauerhaft auf deiner Festplatte, deinem Gehirn, gespeichert und steht dir im Ernstfall auch sofort zur Verfügung.

Checkliste für Testbeispiel 4

Bevor du dich nun an den vierten Test begibst, schau dir noch einmal an, was du dir für diesen Test vorgenommen hast und welche Schlussfolgerungen du aus der Bewertung für deine Zeitplanung gezogen hast. Berücksichtige deine Überlegungen beim Ausfüllen der Checkliste:

CHECKLISTE für Text 4

1. Zeit Ich habe genug Zeit, um den Test an einem Stück durchzuarbeiten. Zeitvorgaben:		☐
Für die Hörverstehensaufgaben	20 Minuten	☐
Für die Leseverstehensaufgaben	_____ Minuten	☐
Für Wortschatz	_____ Minuten	☐
Schreiben insgesamt	_____ Minuten	☐
davon Teil 1	_____ Minuten	☐
davon Teil 2	_____ Minuten	☐
davon Teil 3	_____ Minuten	☐
Puffer für Überarbeitung	(10 Minuten)	
2. Ort Ich kann hier voraussichtlich ungestört arbeiten.		☐
3. Arbeitsplatz		
– Uhr		☐
– Schreibmaterialien		☐
– für die Hörverstehensaufgaben einen Zugang zum Internet und zur Seite finaleonline.de		☐
– und **sonst nichts!**		☐

Test 4 – The world of work

Erster Prüfungsteil: Hörverstehen

Aufgabe 1: Hörverstehen Teil 1

Radio adverts

 **Track 10**

You are going to hear five radio announcements advertising different jobs.

> **AUFGABEN**

- First read the questions.
- Then listen to the adverts and answer the questions.
- You don't have to answer in full sentences.

Announcement 1:

1 What job is being advertised? _____

2 What is the salary per hour? £ _____

Announcement 2:

3 What job is being advertised? _____

4 What are the working hours? _____

Announcement 3:

5 Where is the job? _____

6 How long is the training course? _____

Announcement 4:

7 What kind of job is being advertised? _____

8 What qualifications do you need to do this job? _____

Announcement 5:

9 Where is the job? _____

10 What special qualification is required? _____

- Now listen to all the announcements again and check your answers.

109

Aufgabe 2: Hörverstehen Teil 2

Interesting Jobs

 Track 11

You are going to hear a conversation between two people, Will and Susan, about interesting jobs.

AUFGABEN

- First read the questions. You have **90 seconds** to do this.
- Then listen to the conversation and try to find the answers.
- Careful: There may more than one correct answer!
- If you are not sure, don't worry! At the end you can listen to the conversation again.

1 Susan thinks being a vet would be great because …
a) everybody who owns a pet also needs a vet. ☐
b) vets normally earn more than doctors in human medicine. ☐
c) you care for many different animals. ☐

2 What do you get to know about Susan?
a) She has a dog. ☐
b) She loves mountain biking. ☐
c) She has just bought a new bike. ☐
d) She used to live in the country. ☐

3 To work as a bike mechanic fascinates Susan because …
a) she thinks she is good at it. ☐
b) it runs in the family. ☐
c) you have the chance to meet famous people. ☐

4 Will would like to be a cook because …
a) he would like to work abroad. ☐
b) he could become a star chef. ☐
c) he thinks he could create new dishes and people would love him for that. ☐

5 What do you get to know about Will?
a) He can speak French. ☐
b) He is a good cook. ☐
c) He works in a kindergarten. ☐

6 Will would like to be a sports coach because …
a) the kids at his youth club are keen on sports. ☐
b) he is good at football and basketball. ☐
c) the pay is very good. ☐

Zweiter Prüfungsteil: Leseverstehen – Wortschatz – Schreiben

Aufgabe 3: Leseverstehen

The following article, published on a youth magazine´s website, deals with Lena´s experiences as an au pair in New Zealand.

AUFGABEN

1 Read the text.

2 Get the gist of the text – read the text in one sitting and form a general idea about the information that is given.

Being an Au Pair – It's a rewarding adventure!

Kia Ora! My name is Lena. I´m 19 years old and I'm from Bochum, in Germany. Today, however, I'm writing to you from Dunedin, New Zealand, where I have been working as an au pair for 5 months now. Dunedin sounds Scottish to you? Well, its name comes from the Gaelic word for Edinburgh, and Scots were among the early settlers. Dunedin is one of the biggest cities on 5 the South Island of New Zealand and is also sometimes referred to as the "Edinburgh of the South".
The best thing about this place: Dunedin is full of young people because it is a true student city. Dunedin's population of about 130,000 includes more than 25,000 students. 10
I don´t go to University. I don´t live in a student apartment. I live with a host family, look after their two kids and help with light housework.
That is the job description of an au pair. In exchange for the help offered to the host families, au pairs receive pocket money (I get 250 NZD, about 150 Euro) in addition to free board and lodging in the family home. Usually an au pair, 15 who has to come from another country, works 20 hours a week and stays with the host family for a whole year. If you are older than 17 and younger than 30, not married and without children of your own, you can send your application to an au pair agency. They will help you with the visa application, personal and medical insurance (which is essential when going abroad!) and they will 20 match your interests to a family they believe you will be compatible with.
I love staying with my host family. There are the parents, Cindy and Josh, who are both vets, and there is 8-year-old Kayleigh and 6-year-old Tara. I have my own room in their huge house with a large garden, not far from the best beach to go surfing and start expeditions to explore the amazing wildlife. 25
Did you know that there is a multitude of endangered species to be found in close proximity to the city?
Seals, sea lions, little blue penguins, yellow eyed penguins, albatross, native New Zealand birds and so many more animals can be found around here. It´s best to view wildlife with a guided tour, though, because the tour guides can 30 lead you to areas that are usually closed to the public, share all their knowledge with you and make sure not to cause stress to any precious animal. (Believe me: Apart from being huge, sea lions are really noisy too!)
Most days, I have the mornings to myself. After breakfast, which I have to prepare, the girls are taken to school by the parents, who take the family dog – 35

a near-blind Australian shepherd called "Akita" – along with them to their veterinarian clinic.

Twice a week I attend a local language school. Even though my English grades at school back home in Germany were really good, I see this year abroad as
40 a chance to finally become fluent in English. By now, I'm even dreaming in English! There are so many words you never learn at school. Or have you ever used the words "vacuum cleaner", "clothes pegs", "dairy product" or "bay leaf" in texts you show your teacher?

School is also a good place to make new friends. My new best friend Rosanna
45 is from Indonesia and she is also working as an au pair. After class, we love checking out the cafés and cute little shops you can find plenty of in the streets of Dunedin.

I always have to be at home by 3 p.m. though. This is when the kids usually get back from school by bus. Most of the time I'm done with all the little things
50 I'm responsible for by then: grocery shopping, ironing, taking out the rubbish, doing the dishes. Having prepared a healthy snack for the girls, I help them with their homework. There are also quite a few after school activities. like swim and dance practice, that I have to take them to. I don't need a car for that. Everything is within walking distance. And we always make time to run
55 around the garden, jump on the trampoline, bake cakes, explore the beach, take the bike to the park or simply relax in the hammock or have a dance party. We never get bored. The girls and I make a really good team. Nevertheless, I am always really tired when Cindy, Josh and Atika come home at 6.30 p.m. Then, the parents take over and I often go for a walk with Atika. She loves
60 barking at the seagulls on the beach.

Yes, these are my duties and responsibilities as an au pair, not only on week-days but also every other Saturday! I don't mind at all. I feel like being part of this family. And thanks to the internet, I hardly ever get homesick because I can easily keep in touch with my family and friends back home in Germany.
65 On the weekends, I sometimes use my "pocket money" to visit all the iconic places I have read about on the South Island of New Zealand. So far, I've been to some of the world's top travel destinations. I went Bungy Jumping – or Bungee Jumping, as it is known in the rest of the world – from the Kawarau Bridge in Queenstown (a bungy jump gives you the ultimate adrenaline ex-
70 perience and is a definite bucket list activity to put up on your Instagram!). I went on a boat tour to see the breathtaking cascading waterfalls in Milford Sound (another activity I wanted to tick off my bucket list!). I visited the Canterbury Earthquake National Memorial in Christchurch and took part in a walking tour of the very cool street art that emerged after the devastating
75 2011 earthquake.

Because my visa is only valid for one year, I will leave my host family in six months to have time enough to explore more of the North Island. On my first weekend in New Zealand, I already took an incredible journey through "Middle-Earth" and visited the original Hobbiton Movie Set from the Lord of
80 the Rings trilogy and The Hobbit films. It was "Ka mau te wehi" (Fantastic)! But there is also Rotorua, for example, which is supposed to be another fan-tastic place to feel the earth's power. There you can see the largest geyser in the southern hemisphere and experience Maori traditions and join in with music and dance at an authentic Maori village. The Maori community there
85 invite you to a Hāngi, a traditional feast where they serve an earth oven dish

(at least, that is what I read online).

Auckland will be my final destination. It is the biggest city in New Zealand, built on a volcanic field. Can you believe it? There are less than five million people with a New Zealand passport and about 1.5 million of them live in Auckland! It is one of the hippest place to live, according to Lonely Planet, 90 and it's not even the capital (Wellington is).

Breathtaking landscapes, tons of trails and parks, spectacular lakes, ancient glaciers, volcanoes, scenic roads, vineyards, adrenaline activities: It is as easy as that to have an unforgettable time as a "Kiwi". All the best - "Noho ora mai".

AUFGABEN

• Now do the following tasks.

1 How long has Lena already been in New Zealand?
a) Six months ☒
b) Twelve months ☐
c) Five months ☐

2 How long will she stay with her host family?
a) one year ☒
b) eleven months ☐
c) five months ☐

3 How does Lena feel about her stay in Dunedin?
a) happy ☒
b) sad ☐
c) shocked ☐

4 You can go to every beach, forest or meadow around Dunedin and observe wildlife.
a) true ☐
b) false ☐
Evidence from the text:

_____

5 An au pair has to come from a foreign country.
a) true ☐
b) false ☐
Evidence from the text:

_____

6 Auckland accounts for about one-third of New Zealand's total population.
a) true ☐
b) false ☐
Evidence from the text:

_____

7 Lena has already been to a Hāngi
a) true ☐
b) false ☐
Evidence from the text:

_____

8 What is an au pair? Explain this job to a friend in a few sentences.

_____

_____

_____

9 How does Lena help her host family? Name five of her responsibilities:

_____

_____

_____

_____

_____

10 Lena loves travelling. Name three places she has already visited.

_____

11 The right documents are necessary when spending time overseas. Name three things Lena had to take care of before leaving Germany.

_____

Aufgabe 4: Wortschatz

21st Century Skills

The world of knowledge and of work is changing rapidly. The internet or the use of artificial intelligences require abilities that may be different to what you needed to know 20 years ago to be successful. People have tried to define those 21st century skills, which include, among others, critical thinking, communication and collaboration.

AUFGABEN

- Fill in suitable words or tick the correct box.
- Give only one solution.

1 This new _____ of what is important to know and be able to do is the result of the need to adapt to the digital age and an ever-changing world.

2 _____ refers to questioning ideas and maybe creating new ones, evaluating the pros and cons of a subject and at last forming one's own opinion.
a) critical thinking ☐
b) collaboration ☐
c) creativity ☐
d) community ☐

3 Another factor that is very often mentioned in the context of being successful is that it is not only important to know things, but you must be _____ to do something, that means you want to achieve your goals and are willing to work for it.

4 To identify these new competences is especially important for the economy in a globalized world. Many countries and organisations have worked together; the OECD, which stands for _____ , has been among those.
a) Organisation for Enhanced Crises and Deficits ☐
b) Organisation for Economic Co-Operation and Development ☐
c) Organisation for Extreme Creativity Disorder ☐
d) Organisation for Eager College Students and Deans ☐

5 Collaboration is one of the most important skills mentioned here: it means that you work with others respectfully and _____ their opinions and ideas – even if they are totally different from yours.

6 Obviously, one needs to be flexible and adapt to new_____ in such a fast-changing world. .

7 In contrast to what was important to know a while ago, the new skills do not only focus on knowledge but on _____ .
a) money ☐
b) manpower ☐
c) wisdom ☐
d) actions ☐

8 The skills also include problem-solving, which means that you can find creative ideas to _____ a task.

9 Most people would agree that our modern age asks us to learn and work in new ways, but it still needs to be found out how all these new skills can be _____ at the same time.

a) caught ☐
b) taught ☐
c) brought ☐
d) wrought ☐

10 After all, in a world like ours, young people must feel _____ for the world they live in to make it a place we can all share. That includes, for example, taking care of the environment and making decisions that are to the benefit of all.

a) trustworthy ☐
b) likewise ☐
c) responsible ☐
d) democratic ☐

Aufgabe 5: Schreiben

AUFGABEN

Have you watched the film (or even read the book) "Hunger Games", the story about Katniss, Peeta and Coriolanus Snow? It's a so-called "dystopian" film/novel, a genre that imagines an extremely frightening futuristic world.

In John Lanchester's novel "The Wall", the setting is also a hostile environment in a not-too-distant future. Find out more about the narrator, a young man called Kavanagh, from the beginning of the novel:

It's cold on the wall. That's the first thing everybody tells you, and the first thing you notice when you are sent there, and it's the thing you think about all the time you're on it, and it's the thing you remember when you're not there anymore. It's cold on the wall.

5 You look for metaphors. It's cold as slate, as diamond, as the moon. Cold as charity – that's a good one. But you soon realize that the thing about the cold is that it isn't a metaphor. It isn't like anything else. It's nothing but a physical fact. This kind of cold, anyway. Cold is cold is cold.

That's the first thing that hits you. It isn't like other cold. This is a cold that
10 is all about the place, like a permanent physical attribute of the location. The cold is one of its fundamental properties;
it's intrinsic[1]. So it hits you as a package, the first time you go to the Wall, on the first day of your tour. You know that you are there for two years. You know that it's basically the same everywhere, as far as the geography goes,
15 but that everything depends on what the people you will be serving with are like. You know that there's nothing you can do about that. It is frightening but also in its way a little bit freeing. No choice – everything about the Wall means you have no choice.

You get a little training but not much. Six weeks. Mainly it's about how to
20 hold, clean, look after, and fire your weapon. In that order. Some fitness training, but not much; a lot of training in midnight awakening, sleep disruption,

sudden panics, sudden changes of order, small-hours tests of discipline. They drum[2] that into you: discipline trumps[3] courage. In a fight, the people who win are the ones who do what they're told. It's not like it is in films. Don't be brave, just do what you're told. That's pretty much it. The rest of the training 25 happens on the Wall. You get it from the Defenders who've been there longer than you. Then in your turn you give it to the Defenders who come after. So that's what you arrive able to do: get up in the middle of the night, and look after your weapon.

You usually arrive after dark. I don't know why but that's just how they do 30 it. Already you've had a long day to get there: walk, bus, train, second train, truck. The truck drops you off. You and your rucksack are left standing there in the cold and the blackness. There is the Wall in front of you, a long low concrete monster. It stretches into the distance. Although the Wall is completely vertical, when you stand underneath it, it feels as if it overhangs. As 35 if it could topple over onto you. You feel leaned on.

(from: Lanchester, John: The Wall. Faber&Faber, London 2019, pp.1-2)

Annotations:

1 intrinsic – von innen her kommend / intrinsisch

2 to drum sth. into so. – jemandem etwas eintrichtern

3 to trump s.o./sth. – jemanden/etwas übertrumpfen

AUFGABEN

1 How does the narrator describe "the Wall"? Use full sentences.

_____
_____
_____
_____

2 How does the narrator try to deal with the start of his duty on the Wall? Analyse the narrator´s thoughts and feelings and explain what effect this narration has on the reader. Give examples from the text to support your ideas.

_____
_____
_____
_____
_____

3 Choose one of the following options (Write about 120 words).

a) One year later: Put yourself into the shoes of the narrator and give some advice to someone who has just arrived to start his/her duty on the wall.

_____
_____
_____
_____

_____

_____

_____

_____

_____

_____

OR

b) At the end of an exhausting first day of training, the narrator thinks about what he has experienced that day. Write his diary entry.

_____

_____

_____

_____

_____

_____

_____

_____

_____

_____

OR

c) "Discipline trumps courage": Comment on the advice the young man has been given. Do you think this can be a useful attitude towards life in general? Give examples for your opinion. .

_____

_____

_____

_____

_____

_____

_____

_____

_____

Test 4 – Auswertung

Geschafft! Du hast nun auch das vierte Testbeispiel hinter dir. Verfahre bitte bei der Auswertung genau wie bei den vorangegangenen Tests und prüfe dabei, ob die Punkte, die du besonders beachten wolltest, dir geholfen haben.

Die Schritte zur Auswertung sind:
- **Zeitplanung**
- **Lösungen auswerten** und (wenn du willst)
- **Bewertung**

Notiere bitte wieder deine Erfahrungen und deine Schlussfolgerungen für den Umgang mit der realen Prüfung:

Das ist mir gut gelungen:

_____

_____

_____

_____

_____

_____

Das war schwierig für mich:

_____

_____

_____

_____

_____

Darauf möchte ich beim nächsten Test genauer achten:

_____

_____

_____

_____

_____

_____

Vorschläge zur Wortschatzerweiterung

Welche Art von *mindwalk* kannst du dir beim Thema Arbeitswelt vorstellen? Du solltest überlegen, was in diesem Bereich für Prüfungszwecke wirklich nützlich sein kann. Es ist sicherlich wenig sinnvoll, die Namen möglichst vieler Berufe zu lernen oder den Spezialwortschatz aus einzelnen Berufsfeldern. Wichtiger ist es, dass du über einen guten Wortschatz in allgemeinen Bereichen des Berufslebens verfügst. Hilfreich könnte es sein, wenn du dir über deine eigenen Berufsvorstellungen Gedanken machst und überlegst, wie du das auf Englisch ausdrücken kannst, denn es ist durchaus möglich, dass in der ZP10 eine Schreibaufgabe zu deinen Vorstellungen zu dem Thema vorkommt. Dazu solltest du zwei unterschiedliche *mindwalks* machen; diese dürfen sich ruhig teilweise überschneiden - das bedeutet keine überflüssige Arbeit. Im Gegenteil: Wenn du Neues an verschiedenen Stellen in deinem Gehirn verankerst, ist es hinterher für dich leichter abrufbar, du hast es also besser gelernt.

Allgemeiner Wortschatz

<u>Step 1:</u> Denkbare Ausgangsfragen zum Berufsleben im Allgemeinen wären z. B. *What do I know about finding a job? What is important if I want to apply for a job? Why do people (want to) work?*
<u>Step 2:</u> Notiere deine Gedanken. Entscheide selbst, welche Form hier die angemessene ist: Mindmap oder Tabelle (oder beides).
<u>Step 3:</u> Arbeite mit einem Wörterbuch.
<u>Step 4:</u> Denke bei weiteren Sortierungen daran, neben Nomen auch Verben zu sammeln. Im vorliegenden Themenbereich sind auch Adjektive hilfreich. Gerade bei Adjektiven kannst du oft durch das Hinzufügen einer Vorsilbe wie „un-" oder „in-" ein weiteres Adjektiv mit entgegengesetzter Bedeutung bilden. Hier einige Vorschläge (wenn du sie nicht kennst, schlage ihre Bedeutung in Bezug auf den Bereich Arbeitswelt nach): *skilled – unskilled; experienced – inexperienced; suitable – unsuitable; employed – unemployed.*
Sortiere sie an geeigneter Stelle ein.
<u>Step 5:</u> Wie immer kannst du nun versuchen, das schon Vorhandene zu erweitern. Die Möglichkeiten kennst du aus den bisherigen Tests. Zum Themenfeld Arbeitswelt wäre es sicherlich interessant, vor allem auch (möglichst englische) Stellenanzeigen oder Arbeitsgesuche zu lesen.

Wortschatz zu eigenen Berufsvorstellungen

<u>Step 1:</u> Es sollte kein Problem für dich sein, die hier für dich wichtigen Fragen zu formulieren. *What are my interests? What do I want to do? Where ...?*
<u>Step 2:</u> wie oben
<u>Step 3:</u> wie oben
<u>Step 4:</u> Überlege, welche Situationen beim Eintritt ins Berufsleben auf dich zukommen. Sortiere deinen Wortschatz unter Rubriken wie *applying for a job, job interview*. Überprüfe dann deine Listen auf Vollständigkeit (Kannst du alles, was du sagen oder schreiben willst, auf Englisch ausdrücken?) und ergänze sie eventuell mithilfe des Wörterbuchs.

Du solltest nun gut auf die ZP10 vorbereitet sein. Denk immer daran: du wirst ausreichend Zeit haben, um alle Aufgaben der Prüfung zu bearbeiten. Bleib ruhig, teile dir deine Zeit gut ein und atme immer mal wieder tief durch. Wir sind uns sicher, dass du es schaffst, und das kannst du dir auch sein.

Good luck and all the very best!